一本书读懂
生活中的金融常识

陈思进◎著

ZHEJIANG UNIVERSITY PRESS
浙江大学出版社

图书在版编目(CIP)数据

一本书读懂生活中的金融常识/ 陈思进著.—杭州：浙江大学出版社，2019.1(2020.5 重印)

ISBN 978-7-308-18743-5

Ⅰ.①一… Ⅱ.①陈… Ⅲ.①金融—通俗读物 Ⅳ.①F83-49

中国版本图书馆 CIP 数据核字（2018）第 260560 号

一本书读懂生活中的金融常识
陈思进　著

策　　划　杭州蓝狮子文化创意股份有限公司
责任编辑　黄兆宁
责任校对　杨利军　刘　颖
封面设计　张志凯
出版发行　浙江大学出版社
（杭州市天目山路 148 号　邮政编码 310007）
（网址：http://www.zjupress.com）
排　　版　杭州林智广告有限公司
印　　刷　杭州钱江彩色印务有限公司
开　　本　710mm×1000mm　1/16
印　　张　12.75
字　　数　150 千
版 印 次　2019 年 1 月第 1 版　2020 年 5 月第 3 次印刷
书　　号　ISBN 978-7-308-18743-5
定　　价　42.00 元

目录

第一部分　看懂金融

01 金融问题的根本——货币

02 华尔街最佳金融炒作工具——黄金

03 全球最大的金融市场——外汇

04 富人的游戏——金融衍生品

第二部分　走出误区

05 股市是经济晴雨表吗?

10 传媒报道可信吗？

第四部分 财富人生

11 正确的财富观和消费观

12 储蓄与贷款，生活如何更美好

第一部分

看懂金融

01

金融问题的根本——货币

美国前国务卿基辛格博士说过:“谁掌握了货币发行权,谁就掌握了世界!”

而在世界经济中，要成为全球性货币至少应具备三个特点：作为企业和买卖双方交易的媒介，其汇率必须是各个国家都能接受的；作为一种储蓄的方式，随着时间的推移，人们不必担心该货币的价值出现严重的损失；该货币能够成为一个计量单位，或者衡量商品及服务价值的一种手段。

金融是“树”，货币是“干”

大家一定还记得，在几年前，老百姓都伤感地自嘲是囤积货物的“海豚族”，除了工资不涨外，食品涨价的接力赛都可以编成顺口溜了，什么“蒜你狠”“糖高宗”“油你涨”“盐王爷”……这一现象在经济学中被称为通货膨胀，也就是通胀——流通的货币过多，使得货币购买力被侵蚀。

政府为了抗通胀，采取了一系列的紧缩措施，包括提高银行准备金率和调高利率……而转眼间，现在大家又开始担忧通缩了。

那么目前老百姓的感觉又如何呢？其实大家依然感到物价太贵，面对商场的丰富商品无力消费。事实上这就是滞胀现象，一边是产能过剩，一边是通货膨胀，而消费领域的内需不足使得这种滞胀始终无法得到释放。所有这些现象是通往经济通缩的必经之路。

从金融的层面上来说，临近通缩或危机来临前，持续货币宽松，如低利率，甚至超低利率，或降低存款准备金率，导致在一段时期内形成滞胀，但无法避免通缩，最终依然会进入通缩状态，通缩是最糟糕的经济状态！

因此，发现金融的规律和本质，就显得如此重要和紧迫。而金融对于今天的社会运行来讲，是除了政治之外最重要的秩序，甚至有时金融就是政治。

如果说金融是棵“大树”的话，那么货币就是“树干”，金融问题的根本其实就是货币。我们不禁会问，货币究竟是什么？

货币本质上就是欠条

现在流行一句话，叫“这个世界不缺钱”，而且“穷得就只剩下钱”。事实也确实如此。由于这些年的货币宽松政策，货币大肆泛滥。《商业内幕》（*Business Insider*）的数据显示，自从2008年全球金融海啸爆发以来，截至2015年第一季度，中国的银行总资产几乎增加了20万亿美元，而同时期的美国虽然经过三轮的量化宽松政策，其银行总资产仅增加2.7万亿美元，中国的银行总资产规模已超过美国几近一倍。

其实，所谓银行资产就是银行借给消费者和商业机构的贷款，包括房贷、车贷、信用卡贷款、个人贷款、地产开发贷款、固定资产投资贷款等。因此银行资产规模（通过乘数效应）增加过快绝非好现象，这意味着债务规模增加太快，债务杠杆太高，到达一定程度时势必触发系统性的债务危机。

事实上，任何货币从金融的角度都可被定义为债务，说得通俗一点就是一种欠条。不管是纸钞也好，电子币也罢，哪怕是黄金、白银作为货币的时候，它们的本质都一样，全是打欠条。因为无论哪一种货币，都是建立在信用基础之上的，只要有信用，它们的地位就是平等的。所谓“金本位货币优于其他货币”之说法，其实是一种误读。

为什么说货币是债务呢?

以美联储为例。从宏观经济的角度看，美联储没有赋税权，它的基本任务就像投资经理人，充当着管理政府债务组合的角色。在政府花费最低利息成本的前提下，美联储决定在政府的债务组合形式中，国库券(T-bills)占据多少比例，30 年期国债又占多少比例。

假设美联储将发行 1 万亿美元让所有美国人来平分，在一定的时间内，又假设行政干预并不大幅改变对货币的需求，而新货币主要是储备金货币，为此美联储要支付 0.25%的利息。按理来说这没什么大不了的，那么问题出在哪儿了呢?

由于发行了 1 万亿美元的新货币，美联储的账簿上便记录了一笔巨额负债，这笔巨量的新货币进入流通之后，投资者不会愿意支付溢价来持有货币。因此联邦基金利率大致等同于美联储支付储备金的利率，这与财政部支付国库券的利率大致相等。也就是说，持有债务货币将不会比持有短期债券来得便宜，而政府负债融资的成本是无法压缩的。所以有人形容说，把新货币装上直升飞机直接撒向每一个美国家庭的好处(在短期内提高总需求)，几乎等同于国会通过法案把钱发放给他们的成本(未来以繁重的税收来偿还债务)。

不可否认的是，增加巨额债务的负担，将迫使美联储在未来采用更宽松的货币政策。当然，名义债务融资得越多，利率就必然降得越低，并带动通货膨胀。但是，以 20 万亿美元美国国债为例，即使从直升机上再抛下 1 万亿美元，也只会再增加

5％的债务。而增加5％的债务是否会刺激美联储改变未来的政策，不再继续实行宽松货币政策呢？

有些读者认为，由于在世界大宗商品的交易市场上，都是以美元结算的，美元是世界储备货币，因此在当今美国经济衰退的时候，美国当然可以任意开动“印钞机”，来进一步稀释债务。对此观点我无法苟同，美国最多只能在万不得已的情况下开动一下“印钞机”，而绝不能任意开动“印钞机”。

因为，美联储发行货币的基础，是通过政府大量发行短期和长期债券建立的；在其偿还债务时才能被销毁，由此形成债务货币。所以，以发行货币的形式欠更多的债，并不是说这些债务几年之后就奇迹般地消失了，那些债务依然躺在美联储的资产负债表上，不管横看竖看它都是债务，即债务货币，因此最终总是要偿还的。

为确保超级大国的地位，美元在多数时候必须强势，因为只有确保美元的信用，才能在借债时保持低利率，才能在真正万不得已之时，开动“印钞机”；而开动“印钞机”的结果，往往是杀敌八百，自损一千。根据Sifma网站公布的2017年一季度末美国国债持有者结构的分布，15.87万亿美元存量国债中，外国投资者持债规模为6.187万亿美元，占比39.0％；其次分别为货币当局（2.464万亿美元，占比15.5％）、养老金（2.177万亿美元，占比13.7％）、共同基金（1.720万亿美元，占比10.8％）和个人（1.379万亿美元，占比8.7％），以及政府（7160亿美元，占比4.5％）、银行（6660亿美元，占比4.2％）、保险公司（3320亿美元，占比2.1％）和其他（2320亿美元，占比1.5％）。

为了刺激经济复苏，提高就业，美联储一而再地实行宽松货币（QE）政策，从QE1到QE2，并持续几年采用低利率的政策。然而，金融海啸之后的那次宽松货币政策并未带来高通胀。因为宽松货币无法流入需要的地方，比如流入实体经济，流入制造业，吸引企业雇用更多的员工。从实质上来说，金融海啸后的那次宽松货币政策，迫使政府对银行持股，救助的只是银行业，而呈现负值的实际利率，使得储户的钱通过银行又给政府提供了债务资金。

很多经济学者认为，只要货币宽松，就必然会通胀，货币就会越来越不值钱。但这两年欧美的经济情况使他们大跌眼镜。为什么？因为金融机构虽得到大量资金，但惜贷造成严重的信贷萎缩，大大缓解了通货膨胀的威胁。而随着欧美经济进一步衰退，银行更加惜贷。因此，无论货币如何宽松也不通胀，一旦宽松停止，就将进入通缩。

一个有意思的现象是，由于这几年欧美各国政府都在企图用"印钞"的方法，去解决"印钞"过度带来的危机，市场的走向离开经济的基本面渐行渐远，使得好些投资者的投资逻辑越来越本末倒置。按说投资者应该希望经济向好吧，但诡异的是，好些"投资"股市、金市的人却希望危机越大越好，而最担心的就是美国经济向好。为什么呢？

因为几年前他们认定，欧债越陷越深，美国经济没有好转迹象，美联储推出了 QE3 来"救市"，由此就会继续推高股市、金市，于是，他们可以从中获利。所以，与其说那些人是投资，不如说是投机更确切。说难听些，他们的投资逻辑真有点儿想发"国难财"的意思。

人时常会有非常怪异的想法。我一个朋友，最先投资黄金是为了防通胀，特别是宽松货币引发的通胀，希望能用黄金来抵抗通胀；但到后来，他却渐渐地开始希望通胀，甚至希望各国央行不断推出 QE，因为他知道越 QE，就越会通胀，就越会有大量的资金买入黄金，金价才会不断地上升，那他的“投资”才会得到更大的回报。

事实上，在这几年的经济危机中，欧美股市，特别是美国股市早就见底回升，渐回高位。而一旦美国经济复苏强劲，对股市来说倒是一个坏消息，因为货币宽松的停止，意味着流动性的回收。

但无论如何，货币就是一种债务，而出来混，早晚是要还的！目前，美联储货币政策已经进入加息与缩表[①]的通道，股市、金市自然会现原形。

货币的起源与发展

按大家学过的教科书上的定义，“币”是用于现在或未来市场做交换的价值符号，货币就是以货物作为“币”。

从货币的形式上来看，迄今为止，大致经历了“实物货币——金属货币——信用货币”这几个阶段。从总体趋势看，货币形式随着商品生产的流通，以及经济和科技发展程度的提高，将不断从低级向高级发展演变。这一演变大致可分为三个阶段。

实物货币，如以贝壳、布帛、牛羊等充当货币，经历了一个漫长的阶段。实物货币之所以逐渐退出货币的历史舞台，其根本原因在于实物货币具有难以消除的缺陷。它们要么体积笨重，不便携带；要么质地不匀，难以分割；有的容易腐烂，不易

---

① 即美联储缩减自身资产负债表规模，是收紧货币政策的一种工具。

储存;有的大小不一,难以比较。想象一下以牛作为货币的景象吧!随着商品交换和贸易的发展,实物货币被金属货币所替代也就不足为奇了。

而金属货币是随着金属矿藏的发现和开采,以及金属冶炼技术的不断发展,才开始被广泛使用的。金属货币具有价值稳定、易于分割、便于储藏等优点。它经历了从称量货币到铸币的演变,最初以条块状流通,每次交易时要称其重量,估其成色,这时的货币被称为称量货币。但是称量货币交易时很不方便,很难适应商品生产和交换发展的需要。随着商人阶层的出现,一些信誉好的商人便在货币金属块上打上印记,标明其重量和成色,这就出现了最初的铸币,即私人铸币。之后国家开始管理货币和铸造货币,于是经国家证明、具有规定重量和成色,并铸成一定形状的国家铸币出现了。

第三阶段的信用货币,产生于金属货币的流通时期,主要有两种形式:纸币现钞和存款货币。早期的商业票据、纸币、银行券都是信用货币。信用货币最初可以兑现成金属货币,随后逐渐过渡到部分兑现和不能兑现。信用货币在发展过程中,由于政府滥发而多次发生通货膨胀,在破坏兑现性的同时,也促进了信用货币制度的发展与完善。到了20世纪30年代,世界各国纷纷放弃金属货币制度,不兑现的信用货币制度遂独占了货币历史舞台。

随着现代经济的高度发展,特别是电子和通信技术的突飞猛进,出现了电子货币。作为支付和结算的方式,大家最为熟知的电子货币要数银行借记卡、信用卡、手机钱包以及网银账户等。

有意思的是,世界各地货币的起源与发展,其过程十分相似。

早在公元前3000年,两河流域的苏美尔人就在波斯湾沿岸有着很广阔的贸易网，当时的交易手段是物物交换，以刻有楔形文字的泥板标明价格和重量。而原始实物货币可谓五花八门，贝壳、羽毛、布料、盐和牲畜都曾是交换工具。古埃及甚至以土地或奴隶作为士兵的薪饷。古罗马士兵得到的军饷曾经有食用盐。拉丁文Sal的意思就是“盐”，英文“工资”（Salary）一词就是从Sal演变而来。到了20世纪，在一些发展滞后的国家和地区，还有使用特殊形状的羽毛、矿石和金属制品来作为货币的现象。

世界上的很多地方都曾把贝壳当作货币来使用。欧洲人从西非购买奴隶，使用的就是贝币。亚洲、澳洲、非洲和美洲的许多地方也都使用过贝币。当年西方殖民者进入美洲时，被欧洲人视为至宝的金银，在原住民印第安人的眼里却一文不值，他们拒用金币或银币，这在当代人看来简直是傻透了。但是印第安人的皮毛产品是当地殖民地经济中的热门商品，他们要求欧洲人使用“真正的钱”——贝壳串珠（Wampumpeag，或称贝壳数珠，用复杂方法将蚌壳中的小珠串制而成）来进行交易。

中国也有以贝壳进行交易的历史。中国商朝中期以后，由于当时最广泛流通的贝币来源不稳定，致使交易不便，所以人们就寻找更适合的货币材料来替代，有人制作玉贝、石贝、木贝、骨贝及蚌贝，以补充天然海贝的不足。那时低面值的“贝币”在市场交换中的麻烦是显而易见的，例如：为了买一头牛，要背上成袋的“贝币”或者“仿贝”到市场上去，支付时的计算也很费事。而购买更贵重的商品时，携带的“贝币”恐怕要斗量车载了。

因此在商朝中晚期，随着冶金工艺的发展，青铜冶炼技术日渐成熟，青铜币应运而生。青铜铸造的铜质仿形海贝，是人类历史上最早的金属铸币。在秦统一中国前的西周、东周时期，由于各诸侯国（部落）的生活居住环境不同，各以其主要生产工具或特选对象为原型进行铸币，出现了复杂多样的金属仿形货币。因此，在春秋战国时期，逐渐形成了具有诸侯割据地域特色的四大货币体系，即刀币、楚币、圜钱和布（铲）币。

“布”为“镈”的假借字，由农耕经济的铲形农具“钱”“镈”演变发展而来，这也是后世把货币称之为“钱”的缘由。布币造型艺术特别富有审美价值，今天人们仍把布币视作中国钱币文化的象征。中国人民银行的行徽系由三个金红色的布币组成；中国农业银行的行徽则用布币和麦穗构成；人民币上的水印也有布币图案。

其实中国的货币制度曾经远远领先于世界其他国家，世界上的第一枚纸币即诞生在中国四川。北宋时期，1023 年于成都发行的“交子”（“交子”是四川土话，是票证、票券的意思），是中国最早发行的纸币，也是全世界最早发行的纸币，比欧洲要早 600 多年，可见中国人的祖先是相当有智慧的。据说，著名的传世北宋“交子”钞版，被日本人所收藏。

后来，意大利的旅行家马可・波罗来到中国后，发现了元代使用的纸币，他在 1298 年撰写的《马可・波罗游记》中，详细介绍了我国纸币的印制工艺和发行流通的情况。自此欧洲人了解了纸币。

在欧洲，最早发行纸币的国家是瑞典。1656 年成立的瑞典斯德哥尔摩银行，从 1661 年开始发行纸币，经济史学者认为，这是欧洲最早发行的纸币。美国是到 1692 年才使用纸币的，法国则于 1716 年才开始发行纸币。

随着社会进步，商贸扩展的需要，特别是工业革命后世界市场的形成与发展，依靠自然资源制成的金属货币，无论从来源和操作上，都越来越难以满足大规模流通的需要，于是纸质信用货币在全球范围逐渐流行起来。

然而在纸币流行之前，金银曾是交易结算货币。据史料记载，公元12世纪中期，由中国北方游猎民族女真人建立的金帝国，在灭掉北宋后占领了汴州。金帝国早在1141年就开始铸造铜币，但币质一般，极易仿制，一些地方官吏、富豪私下大量铸币，造成铸币原料铜的短缺。在犹太人的帮助下，金帝国在中国历史上首创全国流通纸币“交钞”，对缓解市场上铜币的短缺、调节物价和促进商品流通发挥了重要作用。

公元1200年，同样在犹太人的帮助下，金帝国又以白银为铸材，正式铸成法定货币“宝货”投入流通，从而将中国上溯几千年、流通各朝、以称量计价的银锭，改铸成法定银币。这种方法一直沿用到中国近代。

“白银帝国”的衰落

中国上溯几千年、流通各朝、以称量计价的银锭，自改铸成法定银币后，一直沿用到中国近代。

1571年，马尼拉大帆船贸易开始了，中西贸易往来日益频繁，每年都有一两艘西班牙大帆船从阿卡普尔科穿越太平洋，把国外出产的白银运到马尼拉，用以购买中国丝绸、中国和印度的棉织品以及其他精美的消费品。如此这般，外国的白银迅速流入中国，明朝银库收入暴增。到了1577年，银库收入高达16.3478万公斤。直到明朝终结，明政府每年的白银收入始终在10万公斤以上。

当时，黄金在世界范围内都很匮乏，中国庞大的经济体量决定了黄金货币的相对稀缺。而欧洲源源不断输入中国的白银，使得中国白银货币相对充足。所以中国明朝以后选择的是银本位制度，而不是金本位制度。据统计，在1644年，全国有2万多家当铺，而1744年在北京就有六七百家当铺，有的当铺资本额高达白银数万两或十几万两。

虽然当铺、钱庄、票行、银号等金融机构的发展促进了中国经济的发展，但中国当时因通货膨胀和通货紧缩交替发生，导致经济动荡。而相当于美洲产量近一半的世界白银流入了中国[①]，中国因此而成为不折不扣的“白银帝国”。然而由于中国不具有白银的开采权，实行银本位制就迫使人们必须用大量实物财富去换取白银，由此引发的后果，是中国百姓辛苦赚来的财富逐渐流向了欧洲。

由此，美洲和欧洲成为中国的中央银行，中国获得央行货币的代价是不仅失去了货币调控权，还失去了巨额的铸币税(铸币面值和成本的差额)。有多少白银通过购买产品进入中国，就有多少财富流出中国，这与今天的中国出口获得巨额顺差，而导致外汇储备剧增的后果是何其相似啊！

当然，足够的外汇储备表明了一国干预外汇市场和维持汇价的能力，它对稳定汇率具有一定的作用；然而如果一国外汇储备规模过大，可能增加对货币流通和市场的压力，对未来货币流通造成预期膨胀压力。同时外汇储备还可能因外币汇率贬值而使国家蒙受损失，抑制经济增长。“白银帝国”的例子提醒我们，作为目前全球最大的外汇储备国，中国应做好准备以面对随之而来的巨大风险。

当中国的银本位制渐渐衰落之时，大洋彼岸的欧洲，使用的是金银复本位制，

① 参见万明.晚明社会变迁问题研究[M].北京：商务印书馆.2005：235-241.

也就是把黄金和白银同时作为货币。当时的殖民强国葡萄牙和西班牙从美洲和非洲掠夺了大量的黄金,其中的大部分黄金最终却辗转流入了英国。

在16世纪末,西班牙的黄金开采量占全球的83%,而黄金开采热在另一个国度也迅速燃起,那就是葡萄牙控制下的巴西。到了17世纪,葡萄牙为了对抗西班牙而与英国结盟,由此从葡萄牙流入英国国库的黄金多达600吨。于是,闷声发大财的英国便不断将越来越廉价的白银兑换成黄金。然而,在中国由于流通货币是白银,人们自然乐意把黄金拿出去换回白银。就这样,英国在中国和与中国情况相似的国家里大玩金银套购的鬼把戏,逐渐积累起数量庞大的黄金储备。

1850年,美国加利福尼亚州和澳大利亚发现黄金,使得世界黄金存量突然增加,黄金作为单一本位货币以满足欧洲经济发展的需要已成为可能,于是欧洲国家一个接一个从银本位制转向金本位制。到1880年,各主要工业国家相继采用了金本位制。

此时,英国的金银套购操作帮助它获得了巨额黄金储备,时机一成熟,英国便率先废除了银本位制,开始实行金本位制,从此奠定了其世界金融霸主的地位。

在大洋彼岸,当英国正在崛起成为"日不落"帝国的同时,中国的封建王朝渐渐开始式微。由于中国实行的是银本位制,对白银的需求量远远大于没有支付功能而仅有装饰和收藏功能的黄金。需求决定了价格,白银在中国自然比黄金要昂贵。与此同时,欧洲实行的是金本位制,对黄金和白银的需求和中国正好颠倒过来,在欧洲,黄金更为昂贵。

随着世界白银产量的迅速增加,白银变得越来越不值钱,而欧洲的黄金日趋昂贵,对黄金的需求不断增长。在欧洲和中国,黄金和白银的供需和价格如此不平衡,自然有人看到了机会。由此,欧洲将大量白银运到中国,换取中国的黄金。就这样,中国变成了世界白银的吸收地,而中国国内的黄金则源源不断地流往欧洲。最终的后果是,越来越多的大量贬值的白银流入中国,造成了中国严重的通货膨胀。

中国用大量实实在在的物质财富,换取了日益缩水的白银收入,这笔买卖真是亏大了。殊不知,几百年后的今天,相似的情况又在中国重演。

让我们再回到19世纪。到了1887年,黄金的紧缩促使苏格兰的三位化学家发明了氰化法,这种方法可以从低级别的矿石中提炼出黄金。在1896年,非洲的金矿就是用这种方法令世界的黄金产量突然大增,黄金数量的增加又导致了黄金通货膨胀。

但是,1717年英国废除了白银的本位货币制度,引发世界各国废除银本位制的狂潮。而从1870年开始,英、法、德诸国又纷纷弃金银复本位制,而采用黄金单一本位制,所以在国际市场上,白银因失去了作为国际储备的资格而价格大跌。美国为了跟上世界潮流,也于1873年宣布放弃金银复本位制,改用金本位制,这就使得当时仍然采用银本位制的中国,货币价值下降。

自那时候起,中国的国库储银总是不够用,白银的贬值给中国带来了沉重的灾难。那么是否白银升值了,就能把中国从水深火热中解救出来呢?

英镑和金本位的崛起

上述问题的答案是否定的。因为中国失去了主权货币的调控权力,所以每走一步都在被动地应对外部的变化。那什么是货币主权呢？国家货币主权是国家对本国货币行使的最高权力，是不容许外国干涉的排他性权力。具体特征体现在：

第一，国家有权确定本国的货币制度；

第二，国家有铸造金属硬币、印制纸币、确定货币币值和发行货币的权力；

第三，国家有调控货币升值或贬值的权力；

第四，国家有实行外汇管制的权力；

第五，国家有建立货币储备的权力。

由于中国失去了主权货币的调控权，白银升值同样给中国以沉重的打击。1933 年，美国罗斯福总统为了争取白银集团的支持，颁布了白银购买计划。这一计划的本意是想通过提升白银价格，为白银生产商提供补偿。

但白银价格的上升使当时中国的货币（白银）相对于世界各国货币升值，中国货币升值使中国出口商品的价格上升，从而导致出口大幅度下降。原本在 20 世纪 30 年代的世界大萧条中，中国因为实行的是银本位制，所以没有受到世界经济萧条的影响，但白银购买计划却使中国在大多数国家都开始从大萧条走向复苏时，走向了萧条，最后甚至迫使中国退出银本位制，采用金本位制。

金本位制是以黄金为本位币的货币制度，在其框架下，各国政府以法律形式规定货币的含金量。各国可以自由铸造货币和自由兑换，黄金也能在各国自由输入和输出。人们将持有的纸币以货币含金量为标准兑换为金币即可。而金本位制的确定，也是以英镑为中心的国际货币体系的确定。

英镑的初次登场是在 1694 年，随着英格兰银行成立并发行纸币，在人类历史上称霸一时的货币——英镑诞生了。1816 年，英国通过《金本位制度法案》，在法律上承认了把黄金作为货币的本位来发行纸币。1821 年，英国正式启用金本位制，英镑因而成为英国的标准货币单位，每 1 英镑含 7.32238 克纯金。由于英国拥有巨量的黄金，英镑最终在世界货币舞台上称霸。

英国又马不停蹄地在 1844 年颁布了《英格兰银行条例》，英格兰银行成为唯一一家能发行英镑的银行，这个垄断权让英格兰银行在世界货币系统中扮演起“最后贷款人”的狠角色。当其他银行出现资金困难时，英格兰银行变成“发行的银行、银行的银行、政府的银行”。1872 年，世界上第一个中央银行由此诞生，英镑也因此在世界货币中更具话语权。由于凭借英镑可以自由从英国提取黄金，因此英镑的信誉等级非常高，直接等价于黄金。披上了黄金外衣的英镑，就此成为世界货币。

在黄金供应量不能满足经济发展需要的情况下，英镑可以作为世界货币，满足世界经济发展的需要。在第一次世界大战前，虽然英国工业实力相对于美国和德国来说处于不断下降的过程中，对外贸易也长期处于逆差地位，但是英国的国际收支却能长期维持顺差的有利局面。这正是因为英国利用英镑这一世界货币的特殊地位，获取了大量的铸币税。

当钱如流水般“哗哗”地涌来时，英国人当然乐开了怀。他们野心勃勃地开始进行大规模的海外投资和贷款。巨额利润和利息的回报，再加上海外其他服务业等收入，不仅弥补了英国对外贸易逆差的差额，还进一步壮大了英国的经济实力，使英国在世界各地的经济“侵略”变得更加便捷，同时也使英国以更快的速度在海外占领经济领地；并以无形信用收益为筹码，赚取商业佣金、海外汇款等收益。

直到 1914 年英镑金融体系崩溃，英国境外投资规模都高居各国之首，英国也从海外投资中赚得盆满钵满。难怪有人妒忌地说：“英国是世界上唯一一个只肯贷出,从不借入的国家。"虽然这未免有些夸大其词,但英国对外投资强度之大可见一斑。

英国世界货币的优势,以及伦敦世界金融中心的地位,令英国当仁不让地成为"世界央行",从而轻松地控制了全球市场的黄金和英镑供应。

"谁控制了货币发行权,谁就掌握了世界的统治权!"英国就这样成为在全球称王称霸的"日不落"帝国。这与第二次世界大战后的美国和美元是何其相似啊!

美元独霸的时代

中国有一句俗话,叫"好花不常开,好景不常在"。在英镑统治全球货币近百年之后,商品生产增长的幅度开始远远高于黄金生产量的增长幅度,这使得黄金供不应求,其流通性大大削弱。随着黄金作为金本位的根基被撼动,英镑这个全球货币的老大地位,也到了该让位给其他货币的时候了。

英国这个老牌资本主义国家未曾料到,曾经是自己殖民地之一的美国迅速崛起,逐步登上了"世界第一"的宝座。在 20 世纪中期,美国商品的人均产量已经是欧洲的两倍。美国从 19 世纪末开始的经济腾飞,要归功于领土的扩张、人口和收入的快速增长、广阔的国土中蕴藏的大量的能源和矿产品,此外,还有科技水平的迅猛发展。到了 1913 年,美国的国内市场已经相当于英国、法国和德国的总和。

第一次世界大战爆发后,由于参战各国的巨额战争支出以及生产停滞,巨额黄金流入美国。战争结束时,美国已经拥有了世界上三分之一的黄金。实力和运气的天平已经开始向美国倾斜。第二次世界大战结束后,美国占有全球三分之二的黄金储备。真是风水轮流转，英国告退，美国独霸的黄金时代正式拉开帷幕，直至今天。

二战后期，美、英两国着手主导重组战后的国际经济，意在建立一个稳定的国际贸易和国际货币体系。1944 年 7 月 1 日至 7 月 22 日，44 个国家的 730 名代表在美国新罕布什尔州布雷顿森林郡召开了“联合国国际货币金融会议”。会议通过了《联合国家货币金融会议最后决议书》《国际货币基金组织协定》和《国际复兴开发银行协定》，总称《布雷顿森林协议》。这项协议确立了战后美元的霸主地位。

根据《布雷顿森林协议》建立的布雷顿森林体系，实行“可兑换黄金的美元本位制”，具体体现为“双挂钩”。

其一是指美元与黄金挂钩。协议规定，国际货币基金组织（International Monetary Fund，IMF）各会员国承认美国 1934 年 1 月货币改革所规定的每盎司 35 美元的黄金官价，并将此作为国际货币体系的基础。美国财政部有义务随时按官价为各会员国政府或中央银行兑换黄金。为了维持黄金官价的稳定，当国际金融市场的金价波动严重冲击这一官价时，各会员国政府有义务协助美国政府进行干预，以平抑黄金的市场价格。

其二是指其他会员国的货币与美元挂钩，即与美元建立固定的汇率，各会员国货币平价一经规定便不得轻易变动。各国政府在进行即期外汇交易和黄金买卖时，其汇率和金价的波动幅度也不得超过法定汇率和金价的上下 1%。此外，各会员国政府有义务干预金融市场的外汇行市，以保持汇率的稳定。

“双挂钩”确立了美元在战后国际货币体系中的中心地位：美元等同于黄金，在国际经济贸易中充当黄金的代表或等价物。在战后百废待兴的严峻形势下，美国雄厚的经济实力(美国在资本主义世界工业生产总额中所占比重由 1938 年的 35.6%跃升至 1948 年的 55.8%,在世界出口总额中所占比重从 1937 年的12.8%增至 1947 年的 32.4%)和充足的黄金储备(1949 年美国仍拥有世界黄金储备的 71.2%),决定了美元的中心地位。

然而,“双挂钩”的实质是整个布雷顿森林体系与美国经济实力挂钩。这种以美元和黄金为基础的世界货币体系,是在战后初期美国拥有绝对经济优势,尤其是巨额黄金储备的前提下建立并运转的,一旦这一前提条件消失,这种体系便会陷入困境。

包括宏观经济学大师凯恩斯和法国总统戴高乐在内的各界人士很早就对布雷顿森林体系提出了尖锐的批评。戴高乐痛斥美国用美元来获取其他民族的土地和工厂的行径,戴高乐说,美国没有特权把世界贸易市场变成自己的“仓库”,因为一旦美国出现了贸易赤字,它只需要多印些美元就可以向其他国家换取商品和劳务。

但事实上,布雷顿森林体系给美元自身也套上了噩梦般的桎梏。美元与黄金挂钩,但 1 盎司黄金等于 35 美元是根据 1934 年的平价确立的,金价被人为压低。这样的平价抑制了黄金的生产,鼓励了黄金的商业用途,相应地淡化了黄金的货币作用,强化了美元的国际货币地位。但是,高估了美元价值的平价迟早有一天会被纠正,这终将动摇美元的地位。

20 世纪 50 年代末,美国出现经济衰退,利率相对于欧洲下降,导致连续 3 年出现逆差和黄金外流,金融市场开始动荡不安,各界纷纷猜测美元疲软甚至可能贬值。1960 年 10 月 30 日,市场大规模抛售美元、抢购黄金,伦敦交易所的黄金价格突破35美元的正常价格，一度达到40美元，爆发了第一次黄金危机。

那么，美元是如何摆脱危机的呢？

美元的“中年危机”

1960年10月30日，市场大规模抛售美元、抢购黄金，爆发了第一次黄金危机。美国为了阻止美元贬值，采取了一系列单方面行动。1963年7月，肯尼迪政府实施利息平衡税，对在美国资本市场筹资的外国借款人加征约1%的利息，并在1965年扩大到银行贷款。这些措施暂时刺激了欧洲美元市场，但美国的国际收支账户自1967年以来仍然在加速恶化。

1964年，美国对外国官方债务超过黄金储备的价值。欧洲各国成为新的顺差国，开始对美国逆差表示不满。它们动用“黄金杠杆”，即用盈余的美元兑换美国的黄金，直击美国的致命弱点。法国首先发难，于1965年1月4日宣布将在1个月内将3500万美元兑换成黄金，并准备把来自国际收支顺差的新美元全部兑换成黄金。此举引发各国竞相抛售美元、抢购黄金，令市场金价暴涨，美国黄金储备急剧减少，美元信誉受到了极大冲击。

1968年，国际黄金危机再一次爆发，黄金抢购风潮愈演愈烈。当年3月，美国黄金总库停止向私人市场出售黄金。此时，官方清算仍采用1盎司黄金等于35美元的价格，但黄金的市场价格可以超出官定价格，故而形成了双重标准的黄金市场。

因此，到了1971年8月15日，在美国政府无力实现美元按固定汇率兑换黄金的承诺后，尼克松总统发表电视讲话，宣布了新经济政策，包括停止为外国央行兑换黄金，对进口暂时征收10%的附加税。

这是美国在国际货币事务上第一次采取极端的单边主义行动，违背了华盛顿制定的国际货币基金组织规则，被喻为对盟友发动的一场经济战争。当时负责货币事务的美国副财长沃尔克曾感慨道："在足够长的时间内，任何霸权国家都会变成残酷的暴君，或者脑满肠肥的寄生虫。"

美国单方面改写了世界贸易规则之后，当时的美国财长约翰·康纳利向欧洲盟国施威："我们的美元，你们的问题。"1971年12月，G10国家签订"史密森协定"，决定美元对黄金贬值7.9%，将1盎司黄金的价格从35美元提高到38美元，同时市场汇率可在一定范围内波动。

1973年3月，美元改为浮动汇率制，即美元与黄金的比价由市场的供求关系来决定。美元与黄金挂钩的固定汇率时代终告结束，布雷顿森林体系至此名存实亡。而当布雷顿森林体系垮台时，全世界的反美舆论欢欣鼓舞，以为谁都可以不买美国的账了，但日后的发展并非如此。在"无体系的体系"中，没有任何国际条约规定任何货币的特殊地位，美国降为这个体系中凭实力竞争的"平等一员"。但美元仍然是维系全球的主导货币地位，是通行无阻的世界货币。

究其根源，当然是美国值得信赖的实力赋予了美元在世界货币市场无可争议的最强竞争力，使得世人不约而同地"爱"上了美元。尽管浮动汇率给各国更大的政策自主权，但许多发展中国家依然选择盯住单一货币或货币篮子，很少任由汇率自由浮动，甚至一些国家彻底实行了"美元化"，以求稳定金融市场。

布雷顿森林体系解体后，失去黄金支撑的美元曾迅速贬值。为了重建世界对美元的信心，必须找到一种有效影响价格的实物来支撑美元。1973年年底，石油危机爆发令油价飞涨，这给美国找到了替代黄金硬通货的机会。1975年，美国与海湾国家相继签订协议，主要内容是：这些国家在石油交易中必须用美元进行结算。如此一来，全世界的石油进口国就必须持有美元，而随着油价上涨，进口国还必须持有更多的美元。失去黄金支撑的美元又找到了替代黄金的新依托，那就是有“黑金”之称的石油。

自此美元摇身一变，成为全球石油交易的结算货币，顺理成章地继续充任全球储备货币的角色。世界仍然处于美元霸权时代。美元决定世界经济、金融、货币的运行规则，美国凭借美元本位制来支配世界。美元霸权使美国成了“世界央行”，美国不受外汇储备短缺的制约，避免了巨额贸易逆差可能导致的货币危机和债务危机，而且通过贸易逆差还获得了国内经济发展所需的实物资源和大量资金。

自从布雷顿森林体系垮台后，美元经历了一系列剧烈波动的惊涛骇浪，可见美国是如何殚精竭虑，力挽美元颓势来维持其世界货币之地位的。这种努力不能说是白费，但只是治标过关而已。纵然一次次化险为夷，美元汇率下跌的大趋势也不可逆转，而且还埋下了危机迭起的火种，最终将世界导向不堪承受的货币总危机。

因为美国庞大的国际事务开支，特别是近年来的伊拉克战争、阿富汗战争和反恐开支，减税压力，成倍增长的医疗保险、社会福利、公共卫生和环境保护开支，以及习惯性过度消费等，加上周期性经济衰退的影响，常常使美国财政入不敷出，赤字居高不下。

人民币国际化

我们在前面讲过，由于美元的特殊地位，美国可以轻易地将金融风险转嫁给他国。美元在每一次危机之后，生命力都会变得更强。目前，还没有哪一种货币能够取代或挑战美元的霸主地位。

首先，全球贸易体系中，虽然欧元、人民币在跨境贸易结算中占据一席之地，但美元结算仍然居主要地位，为了保持出口竞争优势以及避免因汇率变化而造成潜在的损失，没有贸易商愿意率先放弃美元结算。就如欧佩克一直试图摆脱石油美元，但现在仍是以美元计价。

其次，在全球外汇交易中，据国际清算银行数据，目前美元占85%的份额，较2004年的88%仅下降3个百分点。最后也是最重要的一点，截至2009年，在全球汇率体系中有54个国家盯住美元，只有27个国家盯住欧元。

未来的世界确实有可能是一个多种国际货币共存的世界。但不管如何，美元目前所具有的在位货币的优势，将使得美元在未来很长一段时间内仍然保持优势。

2010年1月6日，中国人民银行公布了《境外直接投资人民币结算试点管理办法》，为的是配合跨境贸易人民币结算，便利银行业金融机构和境内机构开展境外直接投资人民币结算业务。毫无疑问，《人民币结算试点管理办法》对人民币国际化将是一大推动，能更有力地支持企业走出去，从而扩大人民币的国际影响力。

就在新的试点方法推出几周后，温哥华的梅纳茨企业（Maynards Industries）率先以人民币结算的方法（以往都以美元结算交易）完成了一笔交易。这笔首例以人民币结算的交易，充分显示了中国作为世界第二大经济体的影响力，说明全球对人民币推进国际化进程的预期在逐渐升温。

对此，美国彭博新闻社2010年7月对全球1263名经济学家、分析师，以及交易员进行了调查。结果显示，大多数人认为人民币将在2016年前实现(与其他币种间的)自由兑换，而半数人则认为人民币将在10年内成为一种储备货币。那时汇丰银行曾经开展过一项针对全球21个市场、6000多家贸易企业的调查，结果显示，人民币预期将首次超越英镑，成为全球贸易企业在未来半年考虑采用的三种主要结算货币之一；在中国内地，预计2011年人民币将超越欧元，成为贸易企业结算货币的第二选择，仅次于美元。

"中日将从6月1日起启动人民币与日元直接交易。"2012年5月29日，中日两国官方几乎同时宣布了这一消息。这是中国首次允许人民币与美元以外的世界主要货币直接兑换，这一"抛弃"美元中介的步骤，正值中国试图将人民币国际化与美元竞争之际。不管这一步迈得是大是小，有一点是可以确认的，人民币国际化已经让作为货币霸主的美元感到压力。

这是中国减少美元依赖战略的一部分，选择日元是因为两国贸易量巨大，中国可以轻易地将该做法扩大到与其他亚洲货币的交易。近年来，中日双边贸易的60%是以美元结算，两国达成货币直接兑换协议后，将大大削弱美元在东亚的主导地位。

"世界第二和第三大经济体携手，世界老大成为旁观者。"韩国《世界日报》这样评论中日两国的合作，中日此举将挑战美元的世界基础通货地位，今后美元的地位可能被动摇。

2017年，跨境人民币结算业务的贸易额已经高达4.36万亿元，约占同年中国进出口贸易总额的9%，而在2009年之前这一数字接近于零。近年来，人民币已经成为世界增长最快的结算货币，许多人认为人民币最终将挑战美元作为全球储备货币的地位。

然而关键是，中国是否做好了人民币自由兑换的准备？当今主宰世界的金融体系，说到底是华尔街的金融体系。而不受管制的自由市场则使华尔街得以独霸世界资源，使金融投机分子得以从世界范围的政府、大众手中获得垄断权力以进行投机，疯狂掠劫世界财富。狼群总是跟着肥羊走！目前全球最肥的"羊"就是中国。如果我们一定要参与这场游戏，那就要随时问自己："我们做好与狼共舞的准备了吗？"

一旦人民币自由兑换，难免被华尔街进行炒作。比如10年前，华尔街竭力鼓动中国企业在美国上市，先搜刮一笔承销费，然后雇用营利性的研究机构搜集情报，瞄准做空的猎物，在做出看空报告之前，事先做空这一股票，待股价下跌后再平仓获利，剿杀搜刮一笔，直到把你吃得只剩一把骨头。在中国公司大规模走向海外资本市场的背景下，一个依靠做空中国概念股，并获取可观利润的产业也在悄然形成、壮大。事实上，到了2012年上半年，中国概念股在华尔街惨败，遭遇滑铁卢，这就是金融开放所面临的双刃剑。

随着人民币走向国际化，人民币升值的压力也越来越大。对此中国多次重申，将逐步引入管理的浮动汇率体系，以减少美国和欧盟的贸易逆差。由此可见，中国走向浮动汇率体系，还有一段长远的路要走。

02

华尔街最佳金融炒作工具——黄金

凯恩斯称“黄金是野蛮的遗迹”；泰戈尔戏谑“在鸟的翅膀上系上黄金，鸟就飞不起来了”；而巴尔扎克则形容“黄金的枷锁是最沉重的”。

巴菲特在金价还是每盎司1750美元时就说过：“如果把全世界的黄金储备合而为一，可以锻造成一个边长大约21米的立方体。这个立方体价值9.6万亿美元。这些钱可以买下全美国所有农田、16家美国埃克森美孚公司，随后还剩1万亿美元余款。你可以抚弄这个立方体，但它不会有任何反应……”

黄金不是避险品种

前几年，“中国大妈”买黄金的事被媒体频频炒作。据称，由于股市跌宕起伏，“中国大妈”撤出股市转战黄金市场，致使金饰品商店的销售额急剧上升，其中100克、200克的金条尤为抢手，有的大妈买入5公斤黄金（价值达100多万元），还有一口气购买20公斤黄金的。

当时正值金价低位，“中国大妈”们认为，投资金条既能传给下一代，又可作为应急避险的工具，还可以抵御通货膨胀，相较一纸变化万千的股票，至少黄金是握在手中的实物，压在自家箱底心里踏实。

黄金是理想的避险品种吗？黄金真的能抵御通胀吗？

自从废除金本位制，特别是在1971年黄金与美元脱钩后，黄金就失去了其货币属性，渐渐地变为一种贵金属。1971年8月15日，当时的美国总统尼克松关闭了所谓的“黄金窗口”（此前在特定的条件下，可以通过这扇窗口用美元换取黄金），彻底斩断了货币和黄金之间联系的百年历史。

但由于人类对黄金的特殊情结，黄金被华尔街用来作为最佳的金融炒作工具，更由于黄金本身并不能带来回报，而且储存黄金还需支付保管费、交易费等，便只能依靠买卖的差价来牟利，也就是说，黄金根本就不是投资品。

事实上，1971 年至今任何一个连续的 20 年，黄金都不存在抵御通胀的记录。其实早在 30 多年前，金价就曾被炒高至突破每盎司 850 美元，即使按最保守每年 3%的通货膨胀率来估算，那时的 850 美元的价值，也超过现在的 2200 美元！而从前 100 年来的历史数据分析，在任何一个 30 年的周期内，黄金都不能抵御通胀！

综观这 46 年来，黄金牛市只有两个阶段：第一次是 20 世纪 70 年代中期到 1980 年 1 月 21 日，金价一路涨到每盎司 850 美元(考虑到通胀因素的话，相当于目前的六七千美元)，随即跌回到每盎司 250 美元上下，沉寂于熊市 20 多年；另一次是从 21 世纪初开始启动，金价一路涨到 2011 年 9 月的每盎司 1923 美元(考虑到通胀因素的话，相当于目前的 2500 美元上下)，随即又下跌回到熊市至今。

而且，考虑到美联储即将进入加息周期，这次熊市显然才刚开始，至少还得持续 5 年，甚至 10 年(到 2026 年)。也就是说，这两次牛市的时间延续了 15 年。在 55 年(1971—2026)中，上升阶段只占比 27%，而其余大多数时间(73%)都处于熊市之中，和中国股市类似——牛短熊长。

虽然市场的具体走势无人能准确预测，但市场总体趋势是能够判断的。在 2010 年之前，金价的合理价位应该在 1000 美元/盎司以下。而当下，考虑到这几年的通胀因素，以及美元的汇率升值等，金价的合理价位应调整到每盎司 1200 美元/盎司上下。

然而，因为黄金本身并不带来回报，一旦下跌，就很有可能跌回上一轮牛市(20～30年前)的最高点——850美元/盎司。如果真是那样，那现在买入黄金，就好比是接住一把正在坠落的刀！

至于“中国大妈”在金饰店抢购的金条，就更不能算作投资品了，只能将其归划为奢侈品，显然是无法作为抵御通胀的产品的。如果真的对黄金情有独钟，从长线来看，只能当金价在合理的价位之下时买入金条(既不是纸黄金，更不能是金饰品)，以待价格上升后抛售赚取差价。

黄金没有投资价值

我们先简单梳理一下投资和投机的区别：投资——基于价值的变动；投机——基于价格的变动。投资的收益，是来自投资物所产生的新财富；而投机的收益，是来自另一个投机者的亏损，也就是说，凡只能靠价差获利的，都不是投资行为。

因此，从上述定义来看，黄金不是投资品！

不过，在大众普遍的印象中，黄金好像是公认的投资品，那就是因为没有分清投资行为和投机行为，以致把投资品和投机品也混淆了。

下面我们就来讲讲黄金为什么没有投资价值。

其实，地球上的黄金并不少。然而从勘探寻找金矿，到把地下的黄金开采出来，再到将黄金冶炼成一定的纯度，这样的过程使得黄金的开采成本提高了。不过，黄金除了大部分被储备在各国央行和金融机构中，以及被人们用作首饰之外，并没有太大的工业用途。

而且，黄金的工业用途，几乎都有其他类似的或更优的替代品可以替代。黄金之所以还具有市场价值，那是因为在历史上的绝大多数时候，黄金曾经是一种形式的法定货币，或曾经被确定为某种法定货币，而赋予其价值。也就是说，除了开采成本（关于黄金成本的估算，在下面会详谈的），黄金的价值源于千百年来人类赋予它的货币属性，使得人们相信它的价值。

但是，自从罗斯福废除金本位制，特别是自1971年黄金彻底和美元脱钩之后，黄金便失去了其货币属性，降格成为大宗商品，渐渐失去了往日的光彩。目前，虽说黄金在人们的心中依然是特殊的贵重商品，但黄金已经无法像货币那样能带来利息（新财富），而且储存实物黄金还必须支付昂贵的保管费。显然，黄金已经不是投资品了。

我们再从保值增值的角度来看看黄金有没有投资价值。著名美国经济学家Willem Buiter给出了他的研究结果：从1790年到2010年（220多年，还恰逢2001年到2011年之间历史少有的黄金大牛市）黄金的名义价值和通胀调整后价值的对比图来看，长期而言，金价的起伏正好和通胀持平，那么如果扣去昂贵的保管费的话，黄金并不能抵御通胀。也就是说，长远来看，黄金既不能保值，更不能增值。解释一下，所谓“名义价值”（Nominal Gold Price）就是当时的市场价格。可由于通胀，目前的100美元已不等于去年的100美元了，假设通胀率6%，那目前的100美元实际上只值去年的94.34美元。

因此，从投资的角度来看，黄金不具有投资价值。不过，由于某种原因（例如政治事件等），金价上下起伏很大，使得黄金可以利用价差获利，即拥有了投机价值。

人类千年"黄金情结"

谈到这里，很多读者可能会问，既然黄金不能保值，那为何各国央行要用黄金作为保险品呢？

大家知道，在货币金本位制时，央行储备黄金是必需的，因为没有黄金，就等于没有货币。如美国1913年的《联邦储备法》确立了金本位至高无上原则，发行货币必须有黄金支持，当时要求必须至少有40%的黄金储备。

现在世界各国都早已废弃了金本位制，以信用货币取代了金本位货币。不过，虽然信用货币与黄金脱钩，但绝大多数央行仍把黄金作为一种储备，这是由于几千年来，人类对黄金产生了一种宗教般的信仰——"黄金情结"，央行储备一定数量的黄金，其实是给货币持有人吃一颗"定心丸"，让他们相信政府不是在凭空印钞票，而是有黄金这一"压箱底"的资产来作为信用担保的。一个词——"保险"，以备不时之需，更像庙里供着的佛、菩萨一般。

也就是说，目前各国央行拥有黄金是作为最后的保险品，特别是对于那些对自己发行的货币的信用信心不足的国家。

再说回来，对于普通百姓而言，长期而言黄金并不保值，更不会增值。众所周知，金融市场上既有投资品，更有投机品和保险品等。随着市场外部情况的不断变化，各种金融产品此消彼长：经济向上时，投资品向上，保险品向下；经济动荡时，投资品持平，投机品向上；经济衰退时，投资品向下，保险品向上；经济崩盘时，保险品到顶，投机品横行，投资品蛰伏。但无论何时，投机品和保险品都不是投资品。

比如“中国大妈”们，她们所购买的大多是金饰品，比国际金价高出至少20%。而且即便国际金价涨回她们当初抢购的价位，金饰店也不可能按市价将金饰品回购。

另外，好多投资者担心人民币贬值，期望用黄金来保值，那结果会令他们更加大失所望，因为黄金是由美元定价的。尽管美联储退出了QE（Quantitative Easing，量化宽松政策），美元指数上升，可美元指数中并不包括人民币。事实上，人民币兑美元的汇率依然在不断上升，除非人民币实现在资本项目下的自由兑换，才有可能改变这个趋势。

因此我的建议是，一般的投资者不碰黄金为好，即使“中国大妈”们真的对黄金情有独钟，也一定要清醒地知道：黄金并非投资品，更不可能抵御通胀，也就是买一些来压箱底，图个心理安稳就行了。

事实上，脱离了金本位之后的黄金，因不符合外汇储备的“流动性”，全球官方总黄金储量正逐渐削减。因为，一方面，对于各国央行来说，归根究底，黄金不是金融结算工具，在世界主要经济体之间的贸易结算，主要还是用美元、欧元或日元。另一方面，用大量外汇购买黄金，必定是一路追涨的过程；而一旦需要外汇，又必须抛售黄金。且不说是否有国家愿意当接盘侠，即便有人接盘，压价也是必然之举。所谓的“追高吸纳，低价吐出”，因此外汇必将大幅缩水。

总之，对于央行来说，黄金最多也就是个保险品而已，这也就是为何近几年，除了中国、俄国等少数几个国家的央行还在增加黄金储备，绝大多数央行非但不增持，甚至还在抛出黄金储备。如对于美联储来说，由于绝大多数大宗商品（包括黄金)均由美元定价,而美元至少还能保持20年的绝对强势,所以美联储早就不持有黄金了;而资源大国加拿大的央行也早就抛光了黄金。可俄罗斯央行却在不断地增持黄金。

因此,尽管黄金的储备价值受到了质疑,但从全球范围来看,各国央行依然是最大的"黄金多头"。

对于央行来说,黄金只是最后的保险品。而买保险的目的,恰恰是不希望用到保险。就像拥有核武器的目的,恰恰是防止使用核武器。

金市最容易被操纵

据世界黄金协会统计,目前,全球开采出来的黄金总计17万多吨,其中,60%的黄金是以一般性商品状态存在,如成为历史文物、首饰制品,用于电子化学等工业产品之中;另外的40%——总量接近7万吨——作为可流通的金融性储备资产,存在于世界金融流通领域。不过,其中3万多吨的黄金是各个国家拥有的官方金融战略储备(由于历史原因,黄金仍是最后的支付手段,即最后的保险品,同时也作为一些国家信用货币的背书,这点将在后面详谈),2万多吨黄金为大企业及私人等所拥有的民间金融黄金储备。也就是说,其实,平时只有1万多吨黄金作为金融产品在市场上流通交易。按目前每盎司1280美元计算[35274(每吨约35274盎司)×10000多(吨)×1280美元/盎司],不过5000亿美元上下的价值。

而那6万多吨的各国央行储备和民间储备,在市场动荡的时候,其中的一部分也可以随时参与到金融流通领域中。但即使把这些因素都考虑进来,整个黄金市场满打满算的体量，还不如一个苹果股票（目前7000多亿美元）的规模大，很容易被操控。如全球最大黄金基金ETF SPDR Gold Trust（GLD）一般就拥有800吨到1000吨黄金，再加上华尔街几家大黄金基金，就至少占有了30%市场流通的黄金。再加上利用“黄金杠杆”的保证金合约，可以大大放大华尔街大庄家控制的流通体量。

这就是说，几年前所谓的“中国大妈”抢金300亿美元打败华尔街，只不过是个笑话而已，两者完全不是一个数量级，“中国大妈”根本无法撼动整个金市。

然而对于华尔街而言，与汇市、债市、股市，以及大宗商品市场相比，金市是很容易被几个庄家联手操纵的。也就是说，黄金是华尔街的最佳投机炒作工具之一。

黄金的合理价位是多少？

黄金既然是商品，最终也总会按照供求关系回到合理的价位上。也就是说，即使投机也离不开合理价位。那作为贵重金属的黄金的合理价位是多少呢？我就从开采成本谈起，目前来看，应该在1100美元/盎司到1200美元/盎司之间。

记得前几年不知道是误传还是某黄金公司（或基金）故意“忽悠”，说黄金成本是1200美元/盎司，并说即使考虑了其他因素（如合理利润），只要金价低于1400美元/盎司，长线而言，甚至哪怕1500美元以下，就可大胆买入，肯定不亏。当时我就引用了非常权威的数据（当时的黄金开采平均成本是600美元/盎司）反驳了这种说法。再退一步来说，其实只要用最简单的逻辑来推论就知道那是不可能的。

因为金价在2010年之前都在1200美元/盎司以下，直到2011年之后才涨到1400美元/盎司以上，然而到2013年又跌回1400美元/盎司以下。虽然金矿(或黄金基金)也可能亏一两年，但绝对不可能一直亏，而且黄金产量每年都在不断创新高，难道矿场主都是活雷锋，在2011年之前都在赔本赚吆喝吗？

那么目前黄金开采成本是多少呢？最近，国际权威采矿研究机构Intelligence Mine在研究了全球140个大中型金矿的黄金生产成本之后发现，其中10座大金矿，就算国际金价在目前的水平上暴跌50%，它们仍然可以盈利。如：Voro金矿开采成本不到400美元/盎司，Blagodatnoye金矿开采成本不到450美元/盎司，Lagunas Norte金矿开采成本为514美元/盎司等。这10座金矿也是全球最赚钱的金矿。

至于目前全球平均黄金开采成本是多少，在这个报告中没有给出具体数字，不过，之前看过的所有关于黄金开采成本的报告都显示，最高也没有超过800美元/盎司的。

而且，最关键的是，不论金价如何，国际黄金生产巨头都在拼命降低生产成本。根据2016年6月的数据，成本最低的俄罗斯极地公司已经将平均总现金成本降低到了每盎司390美元。

于是，这就留下了巨大的利润空间。也就是说，随着勘测和开采技术的不断进步，特别是机器人的使用，黄金开采成本非但不会上升，反而会不断下降。

有了开采成本这个基础，再加上一般商品价格构成中的税金利润，如生产税金、生产利润、商业税金、商业利润等，以及黄金这个特殊的贵重金属的高保管费等，可推算出，目前而言，黄金的市场合理价位在1100美元/盎司上下，即使再加上其他因素(如市场的需求突增等,会在后面详细分析),合理价格也不会超过 1200 美元/盎司。

这里特别提一下,美国著名经济学家、杜克大学财经教授 Campbell Harvey 在 2012 年 6 月时曾发表研究报告,提出当时的黄金合理价位是 800 美元/盎司,也就是说,即使加上通货膨胀率 6%,那当下黄金的合理价位也仅为 1071 美元/盎司,即还不到 1100 美元/盎司。

以上只是根据开采成本和运输成本及其他一系列综合成本估算出的一个合理的成本价位,可以作为投机时的一个参考依据。

接下来,将详谈为何黄金将延续之前的 5 年熊市,继续困在漫漫熊市之中,以及各国央行为何要储备黄金。

金价跌入漫漫熊途

为何黄金还将困在漫漫熊市之中呢?

非常简单,关键还是在美国,美联储已经进入加息通道,且短期内不可能再重回减息通道。2008 年金融危机之后,美联储的负债规模曾经不到 9000 亿美元,经过三轮量化宽松政策,目前的负债规模已超过 4.4 万亿美元。

纯粹的信用货币在世界范围内普遍得以使用的历史很短,如果从 20 世纪 70 年代布雷森体系解体、美元和黄金脱钩算起,只有短短的四十六七年光景(还不到半个世纪)。人类社会在使用信用货币方面还没有积累起充分的经验。前些年以美元为首的全球货币持续宽松,而"Money is Debt"(钱即是债),债务已经高到难以为继，严重阻碍了经济可持续地健康发展。

美元进入加息周期和美联储缩表，意味着全球流动性拐点的到来，这是历史性的变化。由于美联储货币政策的紧收，美元指数将长期走强，而国际金价以美元定价，显然，金价和美元指数成负相关，即美元指数越高，金价越低。因此，黄金将延续之前 5 年的熊市，继续困在漫漫熊市之中。

国内很多财经专家建议百姓投资黄金，并发明了所谓"人民币黄金"的说法，可能的意思是，由于这些年来人民币的供应量激增，人民币相对美元一定会大幅贬值，因此，黄金相对于人民币而言，还是能保值，甚至增值的。

这个观点我不认同。

首先，人民币在资本项目之下还不能自由兑换，人民币兑美元的汇率由中国央行决定。在此防火墙之前，任何做空人民币的企图无疑是以卵击石。

其次，从 2005 年至今，汇改 10 年有余，人民币汇率基本上实现了市场化运作，人民币在海外已经是一种进场交易的货币。特别是在 2016 年 10 月，人民币正式加入国际货币基金组织的 SDR(Special Drawing Right，特别提款权)货币篮子，成为继美元、欧元、日元和英镑之后的又一个国际储备货币。这标志着人民币国际化道路雏形及汇改机制已经相对成熟，人民币不存在大幅贬值的基础。这听上去可能会有种官方说法的感觉，但却是客观现实。

最后，央行行长周小川已明确表态，货币政策宽松已到达周期的尾部，中国的货币政策也必须转向紧缩。显然，别说经济面向好，哪怕持续几年走在底部，人民币兑美元也不可能大幅贬值，甚至会存在升值的可能性。

因此，由于黄金由美元定价，国际黄金是一个统一的市场，只要人民币不大幅贬值，就不存在所谓的“人民币黄金”。

那么几年前抢金的“中国大妈”何时能解套呢？

先撇开抢购金饰品的大妈们。因为那只是消费行为，和投资、投机、保险都没有关系，只是给女儿准备嫁妆而已，这里不做讨论。

就只说当年购买金砖作为投资或投机的大妈们吧。2013 年金价的最低点出现在 4 月 16 日，为 1321 美元/盎司，大妈们普遍是从 4 月 12 日开始抄底，抢金高潮出现在 4 月 13 日、14 日两天，这也意味着大妈们建仓的成本普遍为 1335 元左右。而买入和回购所需的手续费正好能和人民币这几年兑美元的贬值相抵。考虑到这 4 年来的通胀至少在 6%以上，也就是说，当年抢金的“中国大妈”手中的黄金要达到保值，至少得等到金价升至 1685 美元/盎司。那就不是什么一步之遥了，而是还有很长很长的路要走……

03

全球最大的金融市场——外汇

外汇市场独一无二的原因包括以下方面：巨大的交易量导致了高流动性；其分散的地理位置；24小时连续运行，除了周末（星期六），交易时间从周日格林尼治标准时间20：15起，至星期五格林尼治标准时间22：00止；无数的因素影响着汇率的变化；相比其他市场的固定收益，利润率收益相对较低；极高杠杆的运用提高了收益率和赔损率。

因此，尽管有央行的货币干预，外汇市场依然被称为最理想的“完全自由竞争”的市场。

最年轻的金融市场

外汇兑换交易市场可以说是当今世界上最大的金融市场。全球外汇市场每天有数万亿美元的交易量，一个月内货币市场的资金交易量，足以购买整整一年全世界所有生产的商品和服务。在世界各地的金融中心，全天候交易着各种不同类型的货币，外汇市场的参与者包括银行、商业公司、中央银行、投资银行、对冲基金、散户、货币发行机构、发钞银行、跨国组织和各国政府。

外汇交易的初衷主要是协助国际贸易和投资，使企业能够以一种货币转换成另一种货币。例如，它允许美国企业以支付英镑来进口货物，即使企业的收入以美元计算。外汇市场决定了不同货币的相对值。

不过，外汇市场却是诸多交易市场中最晚形成的。现代外汇市场形成于 20 世纪 70 年代，是在布雷顿森林体系之下各国的汇率制度逐步由固定汇率转变成浮动汇率的背景下产生的。因为整个 19 世纪和 20 世纪上半叶，世界各主要货币均以黄金为基准，而不是彼此直接在公开市场进行交易。

尤其是1944年，布雷顿森林协议以每盎司35美元的固定比率，确立了美元在世界金融体系的中心地位。在此后的几十年间，外汇市场显然是没有必要存在的，因为所有主要货币都盯住美元汇率，只在特殊情况下才能改变，而且必须经由国际货币基金组织的批准。直到1971年美国总统尼克松否定了布雷顿森林协议，使美元脱离金本位，才允许其他货币更自由地对美元进行交易。

到了1973年，一个初期的外汇市场才逐渐发展起来，使一种货币的价值相对于其他货币的价值被确定，目的是对冲外币风险。不过外汇市场仍然很小，积极参与的主要是国际跨国银行以及以出口为主的大型企业集团，比如福特汽车和通用电气公司等。

此外，外汇交易和其他类型的金融市场是不同的。比如当投资者购买股票或债券时，他便拥有了标的资产和未来的收入。通常来说，如果投资者持有公司股份，在许多情况下，他将获得股息收入。而如果投资债券，他便是债权人(公司或政府发行的债券)，将收到定期利息。

但是外汇交易商就不一样了，他们通常不拥有资产，而只是在投机：赌一国货币兑换另一国货币的比率，即以一种货币表示另一种货币的价格。这也就意味着，在外汇市场上是没有所谓的牛市或熊市的：货币只可能时而趋强或趋弱。所以有些货币总是不断上升，而有些货币则总是持续下跌。

此外，外汇市场还有另一个重要的特点。在过去的20年，全球贸易比以往任何时候都要繁荣，因此汇率变化也不像过去那么极端。一只个股的价值，在某一年很可能会翻番，或者被腰斩，但是像美元、欧元、日元、英镑和瑞士法郎这些主要货币，在 12 个月内趋强或趋弱的幅度，为 5%～15%。

因为外汇市场的这些特点，外汇交易员的世界可以说是马不停蹄，日夜不分，从不休息的。不像股票市场，美国大公司的股票也可能在东京和伦敦交易，交易员必须等待纽约的交易时段，来获得微软或通用汽车最好的价格。同样在北美的交易时段，交易员也更愿意买进或抛售美国债券。在格林尼治（Greenwich）标准时间，他们则喜欢买进或卖出金属。而外汇是金融市场中唯一可以 24 小时都进行交易的品种。

这一“令人羡慕”的状态，充分反映了美元在世界上的特权地位，因为外汇市场中，超过 90%的货币交易是美元。例如，如果有人想把墨西哥比索兑换成捷克克朗，很可能先将这两种货币都转换成美元，然后再来完成交易。而且由于世界各地都有一定的美元储备，新加坡和伦敦等地的全球货币交易市场同样可以像在纽约一样有效地运转。外汇市场 24 小时交易的这一特性，是所有其他金融市场梦寐以求的，都希望终有一天能够加以复制。

因此，在全美各地的交易大厅里，在交易员们手上握有大笔资金，而且关乎输或赢的关键时刻，交易大厅的嘈杂是可以想象的。正常的活动放缓了，咖啡杯一次次地被重新填满，留着齿印的三明治静静地躺在桌上，整个楼层好似重大足球比赛前的更衣室，表面上轻松，实则异常紧张外加期待。投资者变得犹豫，在新闻播报之前绝不敢做任何大动作。

约翰·泰勒是“FX 概念”对冲基金的创始人，在纽约专门从事外汇交易，他管理着代表美国养老基金、捐赠基金以及外国政府的大笔资金，所管理的外汇资金约为 130 亿美元，成为全球最大的、单一的、以押注外汇获利的公司。

"FX 概念"是一个活跃的交易者，因其杠杆作用，需要借钱来增加下注的规模，所以其影响力已经远远超过了一家拥有 130 亿美元资产的企业应有的水平。因此，泰勒和他的公司对美联储的货币政策的倚重程度，胜过了大多数的市场参与者。他的交易员随时做好出击的准备，一旦美联储做出新的货币决定，他们便立刻采取行动。

泰勒作为首席执行官，一直在寻找更多的有价值数据，不再只局限于美联储发布的公告。而要做到这一点，他们首先启用了 20 多种数学模型，根据每个模型提供的每一组不同的变量，找出其中的相关点。"FX 概念"的工作人员，脑海里不存在汇率变动是随机或不可预测这样的概念，他们坚信过去的资讯必有其宝贵的价值，甚至有些看似矛盾的信号，也可以预测一种货币未来的发展方向。

例如在 2006 年，当"FX 概念"在决定买入美元、卖出日元之前，便有一个模型分析美国和日本之间的利率关系，另一个模型研究这两种货币历来的交易价格，第三个模型切割、分片地观察日元兑美元的交易波动量。经过综合分析之后，公司最后决定买入美元，卖出日元，最终大赚了一票。

这就是今天外汇市场更积极、更复杂的货币交易模式，至少将利用三种数学模型，快、准、狠地预测未来的货币走势。因为关乎外汇交易公司生死存亡的输或赢，往往就在千钧一发之际，更仅仅在一线之间。

投资客的天堂

外汇市场独一无二的原因包括以下方面：巨大的交易量导致了高流动性；其

分散的地理位置;24 小时连续运行,除了周末(星期六),交易时间从周日格林尼治标准时间 20:15 起,至星期五格林尼治标准时间 22:00 止;无数的因素影响着汇率的变化;相比其他市场的固定收益,利润率收益相对较低;极高杠杆的运用提高了收益率和赔损率。

因此,尽管有央行的货币干预,外汇市场依然被称为最理想的“完全自由竞争”的市场。据国际清算银行统计,截至 2016 年 4 月,全球每天外汇市场的成交额平均约为 5.07 万亿美元。在每天 5.07 万亿美元的交易中,现货交易为 1.65 万亿美元,掉期交易为 2.46 万亿美元,期汇交易为 0.70 万亿美元,以及超过 0.25 万亿的其他外汇衍生产品交易。由此可见,在外汇市场中,掉期交易加期汇交易(合计3.16万亿美元)占据了总交易额的 62%以上。

所以,外汇市场可以说是投机客的天堂,它有利于套利——投机者可以借入低收益货币和贷款来“投资”(做空或做多)高收益的货币,其结果可能导致一些国家丧失竞争力,甚至干预一个国家的经济政策,完全不像债券或股票那样被认为通过融资,可以为经济增长做出积极的贡献,货币投机简直就是赌博。大型对冲基金和资本充足的“仓位交易”,是深受外汇交易职业炒家喜爱的两大选择。例如 1992 年,货币投机炒家迫使瑞典中央银行提高利率,维持了数天 500%的年利率,然后贬值克朗。再比如 1997 年,在马来西亚前总理马哈蒂尔度假期间,索罗斯连同其他投机炒家对马来西亚货币进行了攻击性的投机,致使马来西亚林吉特(Ringgit)在两个月内贬值 15%。马哈蒂尔接受采访时异常气愤地说:“索罗斯攻击林吉特的目的是惩罚马来西亚支持缅甸的军政府执政,这一举措使马来西亚经济遭遇了数十亿美元的扫荡,我们付出了高昂的代价。”

大型对冲基金及资金充足的“仓位交易”之威力，由此可见一斑。而个人投资者在外汇市场中充其量只是“噪音交易者”，可谓风险大而威力有限，赔起钱来，几百万、几千万都可能瞬间蒸发掉。

我在浙江有一个朋友，前些年一直做外贸生意。由于受人民币升值等因素的影响，生意的利润越来越薄，甚至稍有不慎就会亏钱。于是，2017 年年初，他一咬牙将公司关闭，手中的货全部变现，净得 1000 多万元。按说这笔钱在国内存个定期或买个国债，每年有几十万元的利息，旱涝保收，大可过上悠哉“游”哉（四处游玩）的生活。

然而，生意人总想着“以钱生钱”，每年 3%到 5%的固定回报不过瘾。于是他向周围亲友打听有什么其他发财捷径。他一个香港老同学劝他做金融，而且最好做外汇：“因为全球最大的投资与交易是外汇，它透明度高，波动频繁，且成本低，是最理想的投资工具。而且还成就了世界顶尖级的金融人物，索罗斯就是外汇投资的领头人。”经不住诱惑，他委托那位老同学在香港开了个账户，拿出 100 万元炒外汇。

毕竟在生意场上打拼多年，他还是有点警觉性的，在出手之前询问了我的意见。而其实呢，他主意已定，问旁人也只不过是想得到背书而已，不管如何，他都会去做的。

结果，小试牛刀，一周赚了 50 万元，大喜！香港老同学叫他“乘胜追击”再加码，他一下子追加 500 万元。但一个月后他告诉我，他投入的 600 万元，加上原先赢的 50 万元全部输得干干净净不说，又赔进去 100 万元，后悔莫及！

由于外汇市场的特殊性，散户几百万、几千万的“小钱”，根本经不住外汇市场的一个小小浪花，瞬间便可能不见了踪影。

最理想的投资工具？

外汇市场的交易方式和交易工具种类繁多，市场参与者可以参考以下五类。

1. 即期交易(Spot)

外汇的即期交易也称现汇交易或现汇买卖，是指外汇交易双方以当时外汇市场的价格成交，并在成交后两个营业日内办理有关货币收付交割的外汇交易。外汇即期交易是外汇市场上最常见、最普遍的买卖形式。由于交割时间较短，所受的外汇风险较小。

2. 远期交易(Forward)

远期交易是指在外汇买卖成交时，双方先签订合同，规定交易的币种、数额、汇率以及交割的时间、地点等，并于将来某个约定的时间按照合同规定进行交割的一种外汇交易方式。远期外汇交易的期限按月计算，一般为一个月到六个月，也有的可以长达一年，通常为三个月。

3. 掉期交易(Swap)

掉期交易是指同时买进和卖出相同金额的某种外汇，但买和卖的交割期限不同的一种外汇交易方式。进行掉期交易的主要目的也是在于避免汇率波动的风险。

4. 外汇期货交易

外汇期货交易是指按照合同规定在将来某一指定月份买进和卖出规定金额外

币的交易方式。目前，世界主要金融中心都设立了金融期货市场，外汇期货现在已经成为套期保值和投机的重要工具。

5. 外汇期权交易

外汇期权是一种以一定的费用(期权费)获得在一定的时刻或时间内拥有买入或卖出某种外汇的权利的和约。期权合同的卖方可以在期权到期日之前按合同约定的汇率买进或卖出约定数量的外汇，但也有不履行这一合同的权利。

在中国外汇交易市场上，目前还只有外汇即期交易。由于中国外汇市场条件的不成熟和风险控制技术的不完善，还不能开办外汇远期交易、掉期交易、期货交易和期权交易，但是随着中国外汇市场的进一步发展和中国金融改革的逐步完善，上述四种交易将会成为中国外汇市场的主角。

2010年，一位《华尔街日报》的记者为了写一篇炒汇的文章，决定去汇市亲身体验一番。由于散户外汇交易需求正在快速增长，很多这方面的网站都提供了免费实习账户，让新手在把真钱放到网上之前能够获得一些经验。于是那位记者开了两个实习账户：一个在福汇(FXCM)，另一个在嘉盛集团(FOREX.COM)。他随后在《炒汇如何让10万美元化为乌有》的文章中向读者吐露炒汇大败而归的感受：

我知道，时机把握和风险管理是保值(更不用说增值)的根本，另一个关键之处在于要能够一直投入。外汇市场每天24小时交易，炒汇与“买入然后持有”的股市投资似乎是背道而驰的。我也知道要在所有仓位中都设置止损，以便在下注不利的时候不至于一直亏钱。这很重要。我无法经常性地查看账户，大约也就是每个星期看一次。而当我查看账户时，多数时候这些止损位都已经被引发，让我蒙受了很大损失。如果可以拿出更多的时间紧盯屏幕，或许我还能多挣些钱，但我做不到。

近几年，外汇市场的吸引力越来越大，原因可能是炒汇的感觉跟网络泡沫时期的短线炒作相似，只是外汇市场规模要大得多。这位记者刚刚开始交易就亏了钱，亏钱的一部分原因在于时机掌握得不对。经过一段时间后，某个货币将会贬值，但如果设置仓位的那一天它涨了，那你就亏了。一个月下来，他损失了大约 4.5 万美元。此外，他还尝试了一个个人投资者可以模仿成功专业交易员的平台。在这个平台上，他一开始投入了 10 万美元，然后把这笔钱分配在几个看上去还不错的系统中，结果又损失了 7.2 万美元。

人民币汇率多少合理？

目前，中国成为全球第二大经济体，在一个特定的时间点，每一份合约、每一笔交易，以及每一次结算，如果都使用人民币而非美元的话，那么世界金融“蛋糕”的大小，将发生巨大的变化。

从理论上来说，只要人民币使用量增多，便意味着原有美元的蛋糕被切小了。按照这个逻辑，一个国家的货币使用率越高，就会变得越流行，其购买力和信用也将大大提高。反之亦然。

然而，当今世界上的法定信用货币无须支撑物（比如黄金）就可以自由地印制。

其中，美元在全球的地位——通过世界上主要国家签署的文件得到确立，它被当作世界货币来衡量其他货币——其优势无可比拟。因此，迄今为止，人民币的购买力远不如美元坚挺。

比如，有网友晒出了中美两国的价格差异："中国，工资5000元，吃一顿肯德基30元，下馆子最少100元，买条Levis牛仔裤400元，买辆车最少3万元(夏利)；美国，工资5000美元，吃顿肯德基4美元，下馆子40美元，买条Levis牛仔裤20美元，买辆车(宝马)最多3万美元。"

类似的例子还可以继续列举下去，"中国制造"商品，在美国甚至卖得比在中国还要便宜！一双耐克运动鞋，在中国需要700元人民币，在美国只需300元人民币上下；一套阿玛尼西服在国内售价3万元人民币，在美国只需7000元人民币；一个iPad在国内要4000元人民币，而在美国只需3300元人民币。

出现上述状况的原因，是出口美国的商品只能用美元结算，再加上商品的定价权在美国手中。例如粮食、水资源以及发展经济所需的石油、钢铁等大宗商品的定价权都掌控在美国手中，保证了美国人长期享受着低通胀的美好生活。

而美联储的一大功能就是将美国的核心通胀率控制在2%的范围内。近20年来，美国物价波动极小，可以说是非常平稳。反观中国，近些年来通胀率已徘徊于5%左右，物价上涨幅度大，可以说是民众的一个普遍感受。

前几年，华盛顿不断地对中国政府施压，要求人民币升值。人民币升值的显著结果，就是同一种商品在两国产生了不同价格。美元(相对人民币)对外贬值，而人民币实际上是对内购买力贬值，所以这一进一出，自然就形成了相比中国，美国物价偏低的现象。

不过，在现实生活中人民币也并非真那么不值钱。比如，但凡非国际品牌的商品，如土特产，以及保姆和钟点工工资等，我国就比美国要便宜。中美物价各有高低，不能一概而论。美国吃喝穿用确实是便宜一些，但那些只是美国生活的小头，真正的大头恰恰是短期到美国旅游的人感受不到的。比如，美国的房产税约为1%到3%，视不同地段而定。一栋50万美元的房子，每年要交付1万多美元的税，这在中国是不能想象的。这就好比青菜和萝卜，有时候并不具备可比性。

但是，人民币要成为全球认可的国际储备货币，不可能处于长期升值的态势，汇率波动是逐步走向市场化的必然，随时上升下降应该成为新常态。从长远来看，人民币依然是强势货币，汇率上升是大概率事件。

在人民币可自由兑换之前，盯住美元依然是主基调。中国仍然是出口大国，中国产品出口主要靠资源优势而非汇率优势，况且在美元定价权的前提之下，汇率贬值对促进出口起不了关键作用。然而产业转型需要时间，等产业转型结束，甚至到人民币可自由兑换之时，人民币兑美元才有可能进入较大幅贬值的通道。

人民币会“暴跌”吗？

有些财经媒体及某些学者动辄用“暴跌（涨）”来形容金融市场的波动。而仔细一看，波动幅度不过1%～2%而已，有的甚至连1%都不到。显然他们只是以“暴”字来吸引眼球而已。

什么叫“暴跌（涨）”？在金融市场内，一天内至少涨跌10%以上才能算。一段时间内至少涨跌20%，才能算市场转向。

记得某一天，人民币兑美元的即期交易汇率从6.65跌到了6.68，英文媒体报道，人民币兑美元跌去了“300 basis points”，估计可能经过了某中国财经媒体的翻译，被渲染了一下，就成了“暴跌300点”。有些媒体就爱以耸人听闻的标题吸引读者的眼球，但是读者只要掌握了看懂财经新闻的四大原则，就不会轻易被“标题党”忽悠了。

众所周知，金融产品单边上升或下跌都是不好的状态。比如在2015年上半年，人民币兑美元汇率一直在6.04到6.26间上下起伏，算是进入了常态，进可攻，退可守，如可以阻击炒家，那是好事！而且幅度都不超过3.6%，因此无论怎样算都不算是大跌，更别说暴跌了！

这里有必要先解释一下什么是“basis point”。其实，“basis point”的意思是“a unit equal to one hundredth of a percentage point”，即“百分之零点零一(0.01%)”。那么从6.65到6.68，的确是跌了“300 basis points”，但实际的跌幅还不到0.5%，不过是小幅波动而已。如果这样的跌幅叫“暴跌”，那么前几年人民币兑美元汇率从8.62一路升到6.05(升值近30%)，该怎么解释呢？

事实上，论起汇率的稳定性，加拿大的加币兑美元的汇率也一直上下起伏。这10多年来，最高值时1加元兑美元汇率曾超过1.13，而后又跌至0.63，这之间的振幅接近45%。不知道这样的跌幅，那些媒体又该如何形容呢？

这里牵涉到人民币汇率方面的最基本常识：首先，中国人民银行授权中国外汇交易中心，于每个工作日上午9：15，对外公布当日人民币对美元、欧元、日元、港币、英镑等汇率的中间价；其次，允许每一天银行之间即期外汇市场人民币兑美元的交易价，可以在外汇交易中心对外公布的当日，在人民币兑美元汇率中间价2%的幅度内上下浮动。

也就是说，人民币汇率是由中国央行控制的，这些年来基本上都盯住美元浮动。随着美元走强，人民币兑美元汇率非但不会下跌，反而呈现上升的势头。即便是兑美元，从目前情况来看，人民币汇率也最多是小幅上下起伏，而大趋势不会变，不会暴跌。

为何我反复强调人民币汇率的大趋势不会变，不会暴跌呢？就是想告诉大家，其实各国央行都干预自己的货币汇率，这不出奇！而人民币还不能自由兑换，其汇率本来就是中国央行自己定的。而我早在几年前开始就反复建议了：人民币对外适度贬值利大于弊。

我建议学美元那样，设立人民币指数，按照外储比例设定对几种主要外汇的权重，以了解人民币对外全面、真实、实际的有效汇率。如果有人民币指数的话，那从一篮子货币组合的基准汇率来看，在2015年上半年，人民币实际上也依然是大幅升值的！即使兑美元，无论怎样计算，人民币也并没暴跌。如果这幅度算暴跌，那欧元、加元和澳元等要算断崖了！

尽管当时人民币兑美元小幅贬值，但对其他主要货币如欧元、日元、英镑、澳元等都仍不断升值！特别随着欧元实施QE后，兑欧元更大幅上升！再次建议将人民币盯住美元汇率改为盯住实际有效汇率，主要考虑贸易加权一篮子货币，这样既可稳定出口，又有利于推进人民币国际化。

总之，人民币对外贬值利大于弊。不过，这是另外的问题。我想说的是，人民币并没暴跌，连大跌都不算，而且要是以一篮子货币组合的标准来计算的话，还在上升，这是事实！很多人关心，加入 IMF 的 SDR 之后，人民币汇率会大幅贬值吗？加入 IMF 的 SDR 之后，人民币自身抵御汇率非正常波动的能力还在，非但暂时不可能大幅贬值，而且由于人民币国际使用量逐渐加大，甚至将和美元平起平坐的前景，恰恰使得人民币汇率保持相对稳定是大概率事件。

04

富人的游戏——金融衍生品

越复杂的金融产品，听上去越光怪陆离的东西，你越不要去玩，特别是那种衍生证券、期权期货等离开它本品很远的东西，因为越远的话杠杆越大，杠杆越大风险就越大。衍生品市场是饿狼聚集的丛林，自己功夫没练好就贸然进入丛林，你就是等着被吞食的羊。

穷人炒股，富人玩衍生品

金融衍生品是指其价值依赖于基础资产价值变动的合约，如期货、期权等。金融衍生品交易只要付一定比例的保证金就可以进行全额交易，具有杠杆效应。因此，保证金越低，杠杆效应越大，风险也就越大。

华尔街有一种说法，富人往往只买固定收益的产品，只有穷人才会去炒股，因为股票是高风险的，富人已经有足够的钱，他们需要的是保值。其实不然，大家常听闻的玩金融衍生品的对冲基金，都是富人在投，但都是交给专业人士在操作。

以对冲基金为例。和普通基金不一样，对冲基金最早的时候开户最少要100万美元。玩对冲基金的基本上就是金融大鳄，像索罗斯的老虎基金、量子基金，这些都是对冲基金的代表。

金融大鳄的胜算很大，因为它是在金字塔的塔尖，它总是先入市，想买什么东西就会通过新闻媒体炒作，先把它唱衰。比如2005年，国外的对冲基金看中了中国的房地产，他们经过分析以后觉得有一波涨势，于是海内外媒体就开始唱衰中国楼市。大量的对冲基金就在这时进来了，包括摩根士丹利在内，同时有三四个对冲基金、四五百亿元的钱进来。高盛也有几个对冲基金，也是大概两三百亿元的金额，在中国圈地买房。等到中国房地产升到高位的时候，他们就撤出。据我所知，摩根士丹利旗下两个基金就赚了1300多个亿，把中国人民的1300多亿人民币财富“哗”一下就吸过去了。

20世纪80年代起，美国政府逐渐放松金融监管，不仅放宽了对对冲基金参与者的限制，也不断降低对冲基金的进入门槛，使对冲基金获得了完全的解放。对冲基金玩的金融衍生品，本质是由金融专才仅针对富有人群和专业机构私下募资的小众金融产品。为达成持续绝对回报目标，其交易手段和资产配置无所不用其极。

常听人说，“100万投进对冲基金里，很容易就两三百万出来”。这样的杠杆率即使在华尔街也是高得可怕。不止是对冲基金，越复杂的金融产品，听上去越光怪陆离的东西，你越不要去玩，特别是那种衍生证券、期权期货等离开它本品很远的东西，因为越远的话杠杆越大，杠杆越大风险就越大。衍生品市场是饿狼聚集的丛林，自己功夫没练好就贸然进入丛林，你就是等着被吞食的羊。

华尔街为什么要搞金融衍生品？金融创新的目的是什么呢？

在华尔街内部，每次金融创新都会获得极大的利润，因此金融创新衍生化的趋势越来越厉害。然而，一衍生化就有杠杆，一有杠杆就可以把泡沫吹大，吹大以后它就可以剪羊毛。2008年的次贷危机就是金融创新闯的祸。就好似穷算命富烧香，穷人炒股，越炒越穷，富人玩衍生品，越玩越富。巴菲特早在2003年就说过，衍生品“是大规模金融杀伤性武器”。但他表面上坚决反对衍生品，一再警告大家要敬而远之,可讽刺的是,随后几年他的伯克希尔·哈撒韦公司却成为金融衍生产品最大的玩家之一,公司天文数字的金钱全都下注在衍生证券上。

华尔街有一句名言:不管是我姥姥还是我奶奶,只要能够打扮成一个 18 岁的漂亮大姑娘,我照样可以把她卖了。这个就叫金融创新。只要有钱赚,什么都可以“创新”。

电影《阿凡达》票房突破 25 亿美元,投资额却只有四五亿美元,足足赚了 5 倍。华尔街看到电影票房是个很好的投赌产品,就又开始搞金融创新了,弄了个叫电影票房的期货,美国商品期货交易委员会(CFTC)也批准它上市了,不过迫于反对者——美国电影协会(MPAA)对国会施加的压力,最后 Cantor 期货交易所主动放弃。

金融创新有利有弊:利的方面是能够形成对冲以避险;弊的方面,是容易形成泡沫,扩大风险。你把满脸皱纹的老奶奶打扮成一个 18 岁的大姑娘,然后推销给全世界。大家买了领回家以后,等她一卸妆,大姑娘又变回了 80 岁的老奶奶,这就是泡沫的破灭。当 80 岁老奶奶显露出原形的时候,普通散户的钱就没了,全跑到投行的袋子里面了。所以,金融创新说白了就是华尔街掠夺财富的工具。

其实,华尔街公司玩金融衍生品就是变相的“庞氏骗局”,大家把钱都给它,由它来操作。赚的时候大家都分了钱,一旦没有后续的钱进来,这个窟窿没法填了,泡沫就破了。

ETF 真的很美好吗?

前几年,财经媒体上时常出现“ETF”这三个字母;我在国内的好些亲友也跟我提到，有些金融机构的朋友会向他们推荐这种产品，问我ETF究竟是什么东西。我便不禁感慨，真是全球一体，环球同此凉热，这一金融工具传播得也真够快的。

简单说吧，ETF是Exchange Traded Fund的英文缩写，直译为“交易所交易基金”，又称“交易型开放式指数基金”，是一种在交易所上市交易的开放式证券投资基金产品。ETF管理的资产是一篮子的股票组合，这一组合中的股票种类与某一特定指数挂钩，如上证50指数中，每一只股票的数量比例与该指数的成分股构成比例保持一致，其交易手续也与股票交易完全相同。表面上看，ETF似乎克服了封闭式基金和开放式基金的缺点，同时集两者的优点于一身。自从1993年美国推出第一个ETF产品以来，ETF在全球范围内发展迅猛。20多年来，全球共有12个国家（地区）相继推出了近300只ETF，管理资产规模高达两三千亿美元。

ETF真那么好吗？很多投资者在经历了金融海啸后，对于主动管理的基金丧失了信心，失望之余，他们开始涉足看似管理费低廉的ETF，没想到反而陷入另一场远远超越普通基金创伤的噩梦。最令人心悸的财富杀手HNU就是最典型的一种ETF。让我们来剖析一下。

自金融海啸以来，各国不断地量化宽松印钞政策，给大家以看多大宗商品市场的理由。事实也确实如此，石油价格从2008年的每桶33美元，一路飙升到2015年的每桶103美元，人们一厢情愿地认为与石油相关的天然气价格也会上涨。于是，HNU就这样应运而生了。

HNU是一支充满赌博色彩的ETF，它不仅看多天然气价格，而且还采用两倍的杠杆，只不过其标的是天然气价格指数。当天然气价格上升时，该ETF就会获得双倍的回报。好些投资者在看到石油价格惊人的反弹后，自然就联想到相关性很强的天然气，押注它的价格会反弹到当初的高点，于是 HNU 就成了投资者的最爱。

但是，往往天不遂人愿，这几年投资的结果相当惊人：HNU 的市值损失了 99%，全程跟随 HNU 的投资者几乎血本无归！问题究竟出在哪儿呢？ETF 在吸引投资者的同时，我们不能否认它也有其缺点。

首先，ETF 缺乏流动性。由于 ETF 的杠杆倍数太高，其单一的结构组合会缺乏流动性。其次，ETF 的费用比率较高。ETF 长期交易的费用比率是相当高的，而且对于长期投资者来说，如果市场波动较大的话，就很难盈利。最后，ETF 存在仓置不匹配的问题。因为在市场波动极大的情况下，重新平衡调整 ETF 的杠杆，可能会出现很大的额外支出。这是 ETF 存在的最主要的问题，即交易损失。因为当指数上升时需要买进，当指数下跌时则需要卖出，只有这样才可以与指数保持一个固定的比率。而根据交易数据显示，市场每天的波动达到 2.5%时，为了保持与指数的固定比例，ETF 每天追踪指数的费用可能高达 0.18%，这就意味着投资者在一年内大约有三分之一的资金会浪费在追踪指数的无谓交易损失中。

由于 HNU 必须维持两倍的天然气价格指数，ETF 的基金经理则每天买卖期货合同以保持其倍数，这样就会出现上述的追踪费用，这笔费用之大远远超过普通基金 2%的管理费。所以，ETF 并未从中获利，基金经理也没有获利，投资者更没有获利，所有人都是输家，全部费用都被交易所照单接纳了。

另外，由于 HNU 不可能直接购买天然气，因为 ETF 公司并不是生产厂家，也没有能力大量存储，因此其购买的只是天然气期货合同，这样就存在一个致命缺陷：contango（价差），即考虑到存储和利息等成本，天然气期货合同在到期前会比下一个期货合同便宜。那么 HNU 在期货合同到期时会便宜卖掉目前的合同，去购买价格更高的期货合同。对于投资者来讲,会认为他们持有的一直是天然气ETF,却不知道HNU每隔几周就会卖掉到期的合同,再高价购买新的天然气期货合同。即使天然气价格保持不变,长期持有HNU也会损失资金。

更致命的是HNU是两倍杠杆,它不仅将价格损失扩大,而且把价差的效果也放大了,因为每一块钱的投资会用来购买两块钱的天然气期货合同,投资者持有这样的ETF,损失惨重也就不奇怪了。可以这么讲,HNU的损失来自三个方面:天然气价格下跌当然是主要因素,其次便是前面谈到的ETF本身的结构性问题,第三个致命因素是杠杆,这个两倍的杠杆不仅放大了价差的效果,也把追踪费用放大了。

而可悲的是,在ETF的美丽包装下,人们的欲望之火被煽动起来,毫不知情地做出了超越自己风险承受能力的事情。正如初恋时我们不懂爱情一样,杠杆了的ETF看上去很美,它像以往包装精美的衍生证券一样,用表面的美好迷惑涉世经验不足的人,令其陷入致命的陷阱。

只要贪婪的人性弱点不变,那么这种爱一回伤一回的故事就注定还会持续下去,爱过的心也只有在伤痕累累之后才会平息。不过随着时间的推移,受伤的心可能被抚平,也可能再也伤不起了,而受伤的钱却只能留下一张张发黄的Capital Loss(资本亏损表)供后人凭吊。

做空是豪赌,散户要远离

华尔街发明了各种金融产品,全都是以财经高杠杆为基础,比如最典型的

Margin(保证金,发音同“麻筋”)账户。

记得我初进华尔街的头几个月,在懂得了期权期货的皮毛之后,便有“学艺三天,上山打虎”般的飘飘然之感,逢人便吹“以小博大”“杠杆作用”“只赚不赔”。有一次遇见太太的朋友莉莉,我又口无遮拦地吹嘘开了,还加了一大堆英文专业术语。见莉莉听得一愣一愣,我心里特爽。没想到言者无心,听者有意。过了三个月再见莉莉时,她狠狠地朝我瞪眼并发牢骚说:“上足你的老当,都是因为你,害我老公亏了十几万美元!”

“什么!亏了十几万!不会吧?”莉莉的老公虽然富有,但十几万美元毕竟不是小钱!我便赶紧追问莉莉:“你老公是怎么亏的?”

莉莉说:“我也不清楚。我就告诉他,有一种方式炒股票,不用花大钱。如果做好了,是能赚大钱的。老公问我什么方式,我就学着你说的,什么‘Options’啦,‘Call’啦(都是期权期货的术语),什么什么的。”

我说:“是啊,没错呀。”

“我老公马上给他的股票经纪人打电话,用2万美元,开了一个‘麻筋’账户。但是过了没几天,经纪人就说账户里钱不够,必须立刻补钱进去,否则就要‘Call’了。我想那大概就是你说的‘Call’吧。谁晓得,后来每隔一两个星期,我老公的经纪人就要他补钱进去,否则前面投进去的钱就全没了。这样,每次经纪人来电话,我老公岂止‘麻筋’,简直要‘抽筋’了。直到前天,我老公实在不想再撑下去,就只好‘Call’,结果算一算亏了十几万美元!”她是越说越气,我是越听越糊涂。

开设Margin账户用来炒股,在购买股票时,只须支付股票总值的25%~30%就行了。如果投入1万元在“麻筋”账户的话,可以购买总值4万元的股票。也就是说,“麻筋”账户有4倍的杠杆作用。当然,那75%的钱是向证券商借来的,利率一般比银行高一些,比信用卡低一点;而且账户里还必须维持你所拥有股票市值的25%～30%。一旦低于这个数,你的经纪人就不客气了,要来“‘麻筋’Call”,就是要你赶紧“输血”进去。

既然运用了杠杆作用,利弊一定是双向的。你想以一赚四,就会以一亏四。因为针无两头利,甘蔗没有两头甜。一般经纪人做“麻筋”,都爱买卖上下起伏特别快的小股票,只要稍加留意便可发现,好些小股票在三个月之内可以跌去50%,甚至超过75%。如此这般亏个十几万,那是稀松平常的。

写到这儿,我不禁想起在银行家信托的老同事小刘,他就曾因为做“麻筋”,再加上卖短做空而倾家荡产。

那时,学金融出身的小刘雄心勃勃,期望尽快赚到第一桶金——至少100万美元,然后回国创业。来到银行家信托之前,他炒股就赚了不少钱。那时华尔街刚从几年前的熊市恢复过来,新一轮的高科技股势头正火热。我也时常小玩几把,几乎都只赚不赔,小赌怡情嘛。而小刘专攻金融,以他的手笔只需“倒腾”几下,估计达到目的指日可待。

可是不久后,我便渐渐发现小刘时常心神不定,午休吃饭时,眼睛不停地扫向餐馆的电视(华尔街周围的餐馆全都装有电视,直播财经消息),话也越来越少。那个阶段,股市几乎天天往上升,华尔街人人都喜气洋洋,为何小刘愁眉不展呢?我突然意识到,小刘一定在“卖短做空”。

一般的投资者多半希望低买高卖,看好哪家公司,就买进它的股票或债券(华尔街上叫“Buy Long”),然后希望它不停地上涨,等卖出(“Sell Long”)时,卖价减去买价就是所得利润，再简单不过。

但假如我们对某家公司不看好，觉得它的股价或债券太高了，过些日子应该会跌，我们就可以卖短。也就是向你的股票经纪人借来那家公司的股票或债券先卖掉（“Sell Short”），然后等那只股票跌了之后，再买回来（“Cover Short”）还给经纪人，股票价位的差价就是所赚利润。这叫做空。

事实上，买长的风险是有限的，股票价位大不了跌到底。比如用 10 万美元买卖股票，哪怕输光，也就是 10 万美元；而卖短的话，你们想吧，股票上涨的价位理论上说是无限的，那卖短所亏的钱岂不也是无限的么？因此，做空的风险为无限大！

一天小刘终于忍不住说，几个月下来，他亏了 10 多万美元，回国发展的计划要推迟了。他气呼呼地说，真见鬼了，按股票价值分析法，市面上很多网络股的价位都高得离谱，那些公司刚上市，一分钱还没赚，怎么可能卖到每股 50 美元，甚至 100 美元呢？

所以，那段日子他一直卖短。其中有一只股票他 60 美元一股卖掉（“Sell Short”），共卖了 1000 股。不到两个礼拜，那支股票竟然涨到 80 美元，他不服，硬是撑着不了断。谁知过了两个礼拜股票又上涨了 20 美元，丝毫没有下跌的迹象，他只能忍痛买进了断。好家伙，单那一笔，就亏了 4 万美元！

我劝小刘算了，收手吧，老老实实上班，10 多万美元，权当白干两年。

但那时的小刘却好似输红了眼的赌徒，不服输，继续坚持做空，甚至不惜将家产抵押给朋友，借来 10 万美元，加上手头剩下的 5 万美元，继续“卖短”，而且还开设“麻筋”账户，加大杠杆做空网络股！可惜呀，网络股不跌反涨，小刘做空，加“麻筋”杠杆，15 万美元被源源不断地用于补仓，不到一个月便输得精光。结果，还没等到网络泡沫破灭,小刘早已倾家荡产、妻离子散,回国创业更无从谈起。

读者或许会问,既然做空和“麻筋”犹如赌场,那么散户所输的钱都到哪儿去了呢?

众所周知,由美国金融海啸演变成的经济危机像癌细胞般蔓延全球,其始作俑者就是次级信贷,它真是害人不浅。然而,多家犯愁却有人大喜。美国有一位对冲基金经理,他与前一任美国财长同姓,叫约翰·鲍尔森。当华尔街各家公司愁云惨雾、人人担心工作不保之时,他掌管的基金却从中大赚一笔,把 1.5 亿美元变成了 280 亿美元!为此,他“荣获”了一个 35 亿美元的大红包!这可能是华尔街史上最大的一笔个人收入。

这位鲍尔森先生是怎么做到的呢?非常简单:就是做空。

2006 年年初,这位在纽约皇后区长大的鲍尔森,灵敏地嗅到了房市泡沫的异味,于是开始下注做空楼市。他设立了一个“信贷机遇”对冲基金,筹资 1.5 亿美元,买入信贷违约掉期,做空房屋抵押贷款债务。他当时这样做,是与市场 95%以上的投资者背道而驰的。但鲍尔森觉得没有一种商品会只涨不跌,房子既然是商品,自然也不例外,房市不会永远是牛市。

虽然房市不会永远朝上涨,却也很难判断其具体何时会跌。鲍尔森设立基金后的头几个月,美国房市依然看好,房价一路上升,他的基金因此赔钱。在华尔街,一般的投资都设有止损点,一旦到了止损点,基金经理为了减少损失会选择全身而退。但亏损并没有击退鲍尔森,他意志坚定,力排众议,那时他的压力是非常大的。为了减轻压力,他每天在曼哈顿的中央公园长跑 5 英里,每晚都跟他的太太说,目前是“黎明前的黑暗”,成功即将来临。

鲍尔森“赌”对了,“真理”似乎真的只掌握在少数人手里。他所管理的基金中,有一项房屋抵押贷款债务。美国房价在不久之后突然下滑，由于高杠杆效应，价格犹如雪崩般下跌。这一来，鲍尔森的基金止跌回升，“疯狂”地反蹿向上。到了2007年，他的对冲基金便狂赚150亿美元；金融风暴期间，又狂赚了130亿美元。

这简直太神奇了！短短十几个月，一只基金由1.5亿美元一下子变成280亿美元。好像只要看准了，赚钱并不难。可现实往往是残酷的！为何莉莉的老公和小刘赌输了，更多的人连赌注都不敢下，而鲍尔森却敢放开手脚豪赌呢？关键一点，他的赌资并不是从他的腰包里掏出来的，那是广大投资人的钱。赌赢了，他赚；赌输了，他大不了关门大吉。

但像鲍尔森那样的“幸运者”毕竟不多，押注于价格下跌来做空的时机，非常难掌控。如果美国房市再晚三个月下跌的话，鲍尔森就不一定能够撑得下去。连他这样的资本大鳄都有可能翻船，对于散户来说，为了避免惨败的结局，还是奉劝大家“远离做空”。

不过，话又说回来了，对于市场走势，有人看多，就有人看空。有一定数量的做空者，对平衡市场来说也具有一定的益处。假如在20世纪末的网络泡沫，或者前几年的房产泡沫中出现更多的卖空者，可能会给市场增添一些稳定性和理智情绪，这样泡沫就不至于被吹得如此大，说不定还会早些被刺破。特别对于机构投资者来说，适当地做空，恰好可以起到反套期保值的作用，减少投资风险。

期权，将风险包装得漂漂亮亮

前文谈到杠杆作用在金融领域的发挥和应用，比如卖短做空，接下来谈谈应用金融杠杆的衍生证券。

衍生证券(Derivative Securities),顾名思义是由普通证券衍生而来的,是一种既非贷款(像债券),也非股本(如股票)的金融工具。它们的价值和回报率依赖于被衍生的基础证券(Underlying Securities)——比如资产(商品、股票或债券)、利率、汇率,或者各种指数(如股票指数、消费者物价指数,以及天气指数)的价值。

衍生证券分两大类:一种是期权(Options),另一种是期货(Futures),具体还可细分为互换合约(Swaps,也可以译为掉期合约)、远期合约(Forward)、认股权(Stock Options)等。一旦购买了衍生证券,便表明你拥有了对其指定证券(Underlying Securities)的某种权利。这些期货、期权合约都能在市场上进行买卖。

这里先来简单介绍一下期权合约。

在期权中,买入期权(Call Option)是指拥有在指定期限前,用指定的 Strike Price(行使价格或称履约价格)购买指定的证券(Underlying Security)的权利;而卖出期权(Put Option)是指拥有在指定期限前,用指定的行使价格卖出指定的证券的权利。而购买期权所支付的费用,被称为权利金(Premium)。

举例来说。

一次,我朋友老王回国探亲,在上海外滩闲逛时,发现那里有一栋兴建了一半的公寓,外观十分大气,立刻便被吸引住了。于是老王走进售楼接待中心。一位售楼小姐热情地接待老王,向他介绍楼群的种种现况,说是外滩地段好,房价看涨,6个月后公寓完工,一套市值起码 1000 万元。售楼小姐对老王说:“假如你现在付 10 万元,我们可以在公寓建成之后以 900 万元的价格卖给你,即使那时房价涨到 1000

万元，你也还是只要支付 900 万元；但是，假如到时你改变主意不买了，那么你之前支付的 10 万元就归我们了。”

可能那位售楼小姐自己没有意识到，这就是最典型的“买进期权”。如果到时你买了房子，而且房子的市价也确实涨到了 1000 万元，那么你卖出房子立刻获利 100 万元，去掉先前支付的权利金 10 万元，你净赚 90 万元。假如到时候房价大跌，跌破 900 万元，你完全可以不买，顶多亏损 10 万元权利金。也就是说，期权赋予你在未来的一段时间内买卖房子的权利。

必须注意的是，“买进期权”与“卖出期权”并不是一项期权交易的买卖双方，“买进期权”或“卖出期权”本身就是买卖双方的一个约定。他们中只有买方才有权利选择执行或者放弃这个约定。

比如刚才举的例子中，我朋友老王和售楼小姐的这个约定就是“买进期权”，老王是这个约定中的买方，售楼小姐是卖方，而只有老王有权选择届时是否执行这个期权。

由上述例子可以看出，期权持有人可以按约使用权力，也可以任其作废，还可以在有效期内转售给其他人。

再举一个例子。如果你买了一份 IBM 的“买进”合约，履约价格为 80 美元，就是说你拥有了在规定期限内以每股 80 美元买入 IBM 股票的权利。如果其股价一直低于 80 美元的话，那你就可以不用执行权利；如果在这个阶段内，IBM 股价涨到了 100 美元，你就可以执行你的期权。这时卖出“买进期权”的那个人，必须按约以每股 80 美元将 IBM 卖给你，那你可以赚 20 美元一股。

而如果你买了 IBM 的“卖出期权”，履约价格为 80 美元，就是说你在一定期限内有权以80美元的价格卖出IBM。具体情况可根据“买进期权”的例子来类推，在此不另赘述。

期权就是金融衍生产品中的一种，它的价值是从某一股票、债券或商品中衍生出来的。

注意，以上的例子对购买期权所支付的费用暂且不计。事实上，这笔费用定价是相当复杂的，美国两位数学金融大师布莱克（Black）和舒尔斯（Scholes）为此专门发明了一个计算方程式，命名为“布莱克—舒尔斯模型”，还因此获得了诺贝尔奖。

这几十年来，带来丰厚利润的证券化、衍生化业务，早就成了华尔街最主要的业务。从上述买房期权的例子可以算出，10万元权利金就可以撬动900万元，这一杠杆比例高达90倍。而华尔街的衍生化证券的实际操作比买卖房子至少复杂10倍，杠杆比例更高，而且花样繁多，像什么跨式交易（Straddle）、宽跨式交易（Strangle）、裸卖看空期权（Naked Put）、蝶式交易（Butterfly）、掩护性买权（Covered Call）、上下限期权（Collar）、铁鹰套利（Iron Condor）等。取这些花哨的业务名称，目的就是将风险包装得漂漂亮亮来诱人上钩，同时用不可思议的杠杆，使华尔街投行天量获利！

期货，拥有定价权的才是赢家

前一篇短文简单介绍了期权合约，下面再谈谈另一种金融衍生工具——期货（Futures）。

“期货”是买卖双方在期货市场上签订的一种契约合同。这种合同规定以定时、定量、定价买(Long)卖(Short)某种货品,包括各种债券、外汇及某种具体实物等。

注意,期货不同于期权之处在于:在做期权时,只有买“买进期权”,或买“卖出期权”的那一方,有权决定是否真的要履行合约,届时要是无利可图可以放弃;而期货就不一样了,合约到期时,就必须履行他们的买卖合同。以上篇提到的那个买房期权为例,如果改为买期货的话,还是假定建成之后以900万元的价格卖给你,那到期如果房价涨到1000万元,你还是支付900万元,赚100万元;但是,要是届时这房子跌到600万元,那就对不起了,你也必须以900万元买下来,亏300万元!

你们可能要担心了,假如买卖合约是实物,比如说买了1万头牛,到时候搁在哪儿呢?不用担心!实际上是不会真将1万头牛运到你家门口的。你要是做“买长”(Long)的话,只需“卖短”(Short)一个1万头牛的合同,就可以关闭(Close)你的持仓(Position)了。当然,具体操作起来不像我说的这么简单。

打个比方,有个农场主张三,每年收获100吨玉米,正常情况下,应该能卖到每吨1000元。他生怕那年玉米因丰收而跌价,就卖了一个100吨每吨1000元的玉米期货。要是那年玉米真的跌了,他的玉米当然没卖到好价钱,但他在玉米期货市场就赚了,正好弥补亏损。张三所做的就是Hedge(对冲)。而和他签订期货合同的买方李四,就像赌场里下注“大小”,他购买期货合约完全是一种“冒险投机”。如果那年玉米的价格超过每吨1000元,他就赚了,而跌到1000元以下,他就亏了。

期货市场需要想买“保险”的张三,以对冲他的收益;也需要投机者李四的参与,赌他的运气。这两方就像是一对“欢喜冤家”,缺一不可,少了任何一方,戏就唱不起来。张三和李四可谓各取所需,各得其所。

期货和其他所有衍生证券一样，是个零和游戏，就像四个人打麻将，有人赢必定有人输，在同一段时间内，所有赢家所赚的钱与所有输家所赔的钱相等。说穿了，期货市场只是财富的再分配，并不创造新的经济价值。

注意，前面的例子中，买卖期权和期货的费用都暂且不计。因为费用计算相当复杂。前面已经提到过的、曾获得诺贝尔奖的布莱克—舒尔斯模型就是专门计算这种费用的。

在国际期货市场上，一般要通过前面谈过的保证金账户来具体操作期货的买和卖，而保证金账户上，至少需要有总交易仓位市场价值25%的资金，即应用了1∶4的金融杠杆。而做期货的保证金比一般证券的保证金账户比例更低，只需总价的5%～10%。保证金加上期货，那可是杠杆加杠杆。可见在期货市场中的投机者获利或亏蚀的幅度，可以是本金的数十倍乃至数千倍。

其实，开辟期货市场最初的立意是很不错的，基本上与做保险的概念相似，但是这种投资工具也极其容易被滥用。如今，石油、粮食、钢铁和黄铜等大宗商品的炒作，已成为期货市场金融大鳄的捞钱之地。

中国自2003年起已经成为仅次于美国的世界第二大石油消费国，石油对外依赖度也由2001年的29.1%上升至2006年的47%，这一变化致使中国在原油期货市场交易频繁，因此亏损颇为巨大。大家一定会问，为什么？

因为油价超稳定的黄金时代已经一去不复返。比如美国在1970年前的50年，去除通胀因素，油价长期徘徊在每桶20美元上下。可是自从1967年石油禁运开始，到1973年的石油危机，再到1979年的能源危机，以及20世纪80年代的石油过剩和90年代的油价飙升，石油价格一直上上下下、起起伏伏，2008年曾突破每桶 147 美元。

事实上,导致油价上下波动的因素无外乎以下几点。

首先,石油越来越稀少,这是不争的事实。按照经济学的供求法则,任何商品一旦变得越来越少,其价格就应该上涨。但是这一法则却不能简单地应用在油价上,关键在于定价权,因此石油价格经常完全违背供求法则。当油价上涨到一定水平时,各国将抓紧开发绿色能源,在将来,绿色能源可能会替代部分石油,这将导致油价下跌。

最关键的一点是,世界经济从来都与政治息息相关。当今全球的石油交易是以美元结算的,当美国需要弱势美元时,油价便上涨,但从长远来看,美国需要强势美元以维护其霸权地位(借此出售美国债券),因此油价会下跌。这些因素正是油价忽上忽下的奥秘所在。

归根结底,由于大宗商品的定价权掌握在华尔街的手中,期货便成了华尔街最会玩的买卖。机构在做期货时,一定要小心小心再小心。而对于散户来说,最好远离。

期指,“天气预报”常常会出错

2010 年 4 月 16 日,中国股指期货(简称“期指”)开市了,这标志着中国向证券金融市场迈出了重要一步。同年 5 月 21 日,是期指开市以来第一个交割日,就在这一个多月间,中国股市“恰好”暴跌,引发了很多猜测,可谓众说纷纭,见仁见智。

期指是期货中的一种,而期货又是衍生证券中的一类,再强调一下,期货即买卖双方在期货市场签订的一种契约合同。期指也是全体投资人都可参与的一种投资工具，散户也可以以卖空来规避风险。

通常来说，期指就好似天气预报，是对股市走向的预测。交易员和基金经理在盘后都会思考市场的走向，在做出最后投资决定时，都会不约而同去查看期指，以寻找“公平价值”。而公平价值是指股市指数与期指合约之间的关系。如果期指高于股市指数，通常就预示着市场将高开；反之则是市场将低开的预示。期指的高低，往往会使交易员和基金经理在市后，通过场外（OTC）来进货或出货。

不过，期指往往并非那么精确，就好比大气预报经常会出差错一样，期指也常常突然改变方向。一般来讲，距离开市时间越接近，期指的估测就越可靠。在北美，你可以通过电子媒体了解股市在开市前有关这两者之间的信息报告，你也可以从不同的来源得到多种类似的信息。股指期货已成为大基金、大金融机构以及大户们进行大资金博弈的主要战场。

巴林银行是英国历史上最悠久的银行之一，于1762年由法兰西斯巴林爵士创立。巴林堪称百年老店，一向以作风稳健著称，它怎么会说倒就倒了呢？当然，其中有些细节也是促使巴林走向倒闭之路的因素，但总的来说，它主要是倒在新加坡一位号称交易界的“超级明星”，可以“左右日经市场”的尼克·李森的手中。

以往，巴林银行从新加坡和大阪两个市场中的Arbitrage（套利交易）佣金中赚钱，本来没有太大风险。但因为李森看涨日本股票市场，未经授权便大量购买日经期指，但又没有预留防范风险的措施，结果不断亏损。

李森时任巴林银行驻新加坡巴林期货公司总经理、首席交易员。自打1994年下半年开始，李森就认为日本经济正在逐渐走出衰退，股票市场将迎来一波牛市。于是他开始不断地买入日经225指数期货合约和看涨期权。谁料想，到了1995年

1月16日，日本关西大地震导致股市暴跌，李森手中持有的多头头寸损失惨重。然而李森坚持认为股价必将回升，又一次大量购进日经225指数期货合约和利率期货合约，企图在下一次的股市涨势中反败为胜。然而事与愿违，2月24日，日经指数狂跌不止，在杠杆作用下李森连日来的损失已经接近整个巴林集团的资金储备总和。2月26日，巴林银行正式宣布破产，损失总额高达9.27亿英镑(相当于14亿美元)。最后，李森被投入德国的监狱。巴林银行倒闭后仅以1英镑的象征性价格，卖给了荷兰的ING集团。

李森的故事告诉我们，玩弄期指期货一旦失手，其损失程度便会像大规模杀伤性武器的破坏力一样严重，即便大如百年老店，大厦将倾也不过是瞬间的工夫。不过假如期指操作得当，玩家也都奉公守法，那么对于市场还是能够起到一个平衡稳定的作用。

掉期交易，买家永远没有卖家精

在了解了期权、期货、期指后，读者朋友们对金融衍生品是更畏惧了还是更向往了？我们要在此篇中向大家介绍一下衍生证券中最复杂也是最好玩的Swap，中文可翻译成“掉期合约”或“掉期交易”。

实际上，一件事物再复杂，它的基本概念也往往是非常简单的。这里先讲个小故事。

古时候有两个手艺人，分别是木匠和鞋匠。木匠每天可以做四把椅子，而鞋匠每天可以做两双鞋子。如果让木匠做鞋子，一天最多做一只；想要鞋匠做椅子呢，一天最多做三条腿儿。在不考虑材料成本费的情况下，如果有一天木匠要鞋子，而鞋匠正好要椅子了，他们该怎么办？大家一定会说，他们可以交换嘛。

对啦！这种以物易物的最原始的交易方式，事实上就是华尔街最复杂的金融产品"掉期交易"最原始的概念。在华尔街，只要你具备相对优势（Comparative Advantage），就有资格做掉期交易，从最普通的利率掉期（Interest Rate Swap）和外汇掉期（Currency Swap），到所有产品都可以做。

其实，在日常生活中，几乎每一个人都做过掉期交易，只是大家没有意识到而已。刚到美国的人都会留意到，但凡在商店里购买商品，像照相机、电视机或电脑，抑或是洗衣机、烘干机等，店员总会向你推销 Warranty（保用证，又称保证书、保养证，是卖方同意修理或更换已出售货品的协议）。这个 Warranty 的功用，就是额外地向厂商支付一笔款项，保证在一定期限内，如果商品坏了，厂商担保用户可以得到免费的修理服务，甚至调换商品。

举例来说。我家的办公椅特别容易坏。5 年前我和太太购买了一把新椅子，价格为 299 美元，外带 50 美元的 Warranty，有 5 年的质量担保。结果从第三年开始，每过几个月椅子就有一个部件坏了，只需一个电话，厂商便会寄一个新零件过来，5 年间等于又换了一把新椅子，非常划算。

但也不是每笔交易都能赚。前年，我买了一台笔记本电脑，特大荧光屏，看着非常舒服。不过听说其散热系统不过关，我心想，买个 Warranty 保 3 年，谁怕谁。某一天早上，电脑突然无法启动，一查主板烧坏了，便立刻打电话给厂商。没想到，电脑已用了 3 年零 6 天，保修期刚过！看来，买家多半还是斗不过卖家。

再深入公司内部，看看他们是如何操作掉期交易的。微软在美国生意做得很大，信誉级别又高，向银行贷款的话，能够拿到很好的利率，大约3%吧。但如果微软在澳洲需要澳币的话，向当地的银行借，就未必能拿到很好的利率，至少需付5%的利息。而澳洲的Qantas航空公司却能在澳洲当地银行借到利率3%的贷款。假如Qantas航空公司正好需要在美国开拓业务，需要向银行借钱，因为它们在美国的信用度不够，美国银行只能给5%以上的贷款利率。你看，这两家公司不正如上面的木匠、鞋匠一样，互相做个交换，就皆大欢喜了？假设它们两家公司都需要10亿美元的贷款，微软向美国银行以3%的利率借了钱给Qantas，而Qantas在澳洲以3%的利率借了钱给微软，大家都可以省去2%，每年单利息就可以少付银行2000万美元。

假如大家都抱着这样的信念做掉期交易，也就不会发生2008年的金融海啸了。被大家一致谴责的CDS(Credit Default Swap，信贷违约掉期)就是衍生证券掉期交易的一种，其复杂程度最初只有10个人懂。而全球最大的保险公司AIG就是被CDS弄垮的。要不是美国政府花费几千亿美元出手援助，连高盛都会被它拖垮，巴菲特也将因此亏损几十亿美元。

AIG曾名列世界500强第10位，更是保险业的龙头老大，全球员工达11.6万人。自从2004年4月8日起，AIG一直是道琼斯工业平均指数的成分股，但是2008年9月16日，由于受到金融海啸的影响，AIG的评级被调低，引致银行纷纷向AIG追讨债款，导致其流动资金紧缺。2008年9月22日，它被道琼斯指数除名。然而，“大而不倒”的AIG一旦倒下将沉重打击美国金融系统，美国联邦储备局因此宣布向AIG提供850亿美元的紧急贷款，以避免因为资金周转问题导致AIG倒闭而引发恶性的连锁反应。这是美国历史上由政府收购私人公司事件中最大宗的交易，金额之大仅次于事发前一星期美国政府向房利美及房地美提出的收购行动。

继巴林银行之后，这又是一家因为金融衍生品而面临倒闭的百年老店。过去，AIG 的主营业务是人寿和财产保险。在金融界，这是一项最“沉闷”和最“保险”（也就是说无厚利可图）的业务。但是，从 20 世纪 90 年代开始，其将业务拓展到为债券保险：如果债券到期，债券发行人无法偿还的话，就由 AIG 全额赔偿；在承担风险的同时，AIG 也收取一定的保费。原本这是一项非常好的业务，因为无论是公司债券还是政府债券都是很保险的，很少有到期不还的先例。

可是这一次却不同了。这次金融风暴的始作俑者是华尔街的五大投行，它们将巨量的次贷掺入普通债券打包出售，就像掺了三聚氰胺的三鹿奶粉。它们对打包出售的债券风险当然是心知肚明的，因此就想寻求一种能够保护自己利益的方式。于是，这些极其聪明的金融专家便发明了“CDS 新兴市场”，将那些“毒债券”通过这种新兴市场出卖给 AIG 来担保，于是 AIG 就像喝了毒奶粉那样得了“结石”。

翻开历史来看，当债券的发行商无力还款时（一般是某一家公司，或者某一个政府），并不会大规模违约，保险公司完全有足够的能力支付赔偿金。但是这一次，当华尔街投行把游戏的内容改变后，次级贷款价格随着房价走，而房地产的周期相对较长，在一个持续几年的房地产下跌阶段，次贷违约率越来越高。虽然掺了次贷的债券并没有违约，但就像毒奶粉那样，这种有毒债券在市场上已无人问津，变成了有价无市。更糟糕的是根据会计中“Mark to Market（以即时市值计算债务）”的方式，投行所有债务都必须以市场的超低价格为准，这使得它们的资产大幅缩水。

据《纽约时报》的报道，拖垮 AIG 的罪魁祸首竟然是该集团在伦敦仅有 377 名员工的子公司 AIGFP(AIG 财务产品公司)。AIGFP 在 1987 年成立,向 CDO(Collateralized Debt Obligations,担保债权凭证)的持有者——也就是那些投行提供保险,保证证券在一段时间内不违约。靠着 AIG 的金字招牌,AIGFP 的业绩突飞猛进,从一开始的年盈利仅 7.37 亿美元到 2005 年暴增为 32.6 亿美元。那时的 AIGFP 已成为 AIG 的“金母鸡”,总裁卡萨诺因此被视为 AIG 总裁接班人的热门人选。卡萨诺及其手下的薪酬也跟着水涨船高,平均每人年薪超过 100 万美元。

不过次贷吹起的金融风暴让 CDS 产品开始出现了巨额亏蚀。由于 AIGFP 是投资银行而非保险公司,亏损需由母公司 AIG 负责,AIG 因此而承受了 3.52 亿美元损失。而 2007 年年底的财报显示,这家子公司的损失达 250 亿美元,AIG 的股票随之暴跌,终被美国政府接管。而在这一波金融海啸中侥幸逃过一劫的高盛,就是 AIGFP 最大的商业伙伴,说到底,AIG 就是被高盛害的。

假如 AIG 不保,高盛可能蒙受 200 亿美元的损失。而 2008 年股神巴菲特援助高盛的血本——以 50 亿美元购得高盛的优先股,用另外 50 亿美元换取了高盛普通股的认股权证——也将打水漂了。

原本衍生工具的初衷是用作保险对冲的,但随着杠杆的不断加大,已演变成赌博的工具。而美国国会对衍生产品的立法,早被华尔街利益集团的“重磅金融核武器”轰炸得无影无踪。只要人性的贪欲一天不收敛,2008 年的金融风暴就会重演。但收敛贪欲谈何容易?即便是富得流油的达官显贵,其中也有一些想“合理避税”,于是,掉期交易就是一个非常好的工具。

在华尔街,常常听说某某富人避税成功,某某富人又因避税不当被税务局捉拿归案的消息。富人避税的方法可谓五花八门,有一段时间最为流行的避税方法,是将投资兑现赚来的钱再重新投资一个公司。具体操作当然很复杂，不过大约情形可以描述如下。

假设X先生年初投资赚了1000万元，他当然不想交税，那么套现之后的钱要怎样处理才能逃过“山姆大叔”的火眼金睛呢？于是他找到了税务大师Y先生。Y先生先在欧洲的一个国家开一家皮包公司，然后让X先生投资1000万元入股。皮包公司当然不会真拿1000万元去做买卖，而是将这1000万元存入欧洲当地的银行。而当地银行又将1000万元分批汇入X先生的存款银行，由X先生去申请贷款。到年底，皮包公司宣布破产，X先生的投资便亏损了1000万元。年初的投资套现和年底的投资亏损正好相抵，X先生不仅不用交一分钱税款，名义上还靠着借贷过日子呢，算是穷人了吧。

但国税局也不是吃素的，哪有识不破这一高招的。可是X先生的那些大律师、大会计师早等在那儿伺候着呢，国税局想把钱追回来非常难。

可以这样说，掉期交易是华尔街为富人设计的游戏。不然，起码100万美元开一个账户，有多少穷人能玩得起呢？当然，获取高回报的同时也要承担高风险。在这样的游戏里谁最倒霉呢？看了前面的几个篇章，大家现在都清楚了吧。

第二部分

走出误区

05

股市是经济晴雨表吗?

任何国家的经济都不可能无休止地持续增长，通胀也不可能长久地持续下去，特别是当人人都以为凭借自己炒房、炒股、炒金，而不必靠劳动就可以坐享“财产收入”的时候，储蓄就会被耗尽，衰退也必将来临。而一旦进入衰退期，最好的方式就是顺其自然，与经济规律对抗终将无果。

股市≠资本市场≠金融市场

我发现，有些财经文章的作者，甚至学者，都将股市和资本市场，乃至金融市场混为一谈。其实不然，我觉得在此有必要做出区分。

首先，股市并不等于资本市场，两者是不同的概念。资本市场是股本证券的购买和出售活动，以及所有关系到提供和需求长期资本的机构和交易的总和。长期资本包括公司的部分所有权，如股票、长期公债、长期公司债券、一年以上的大额可转让存单、不动产抵押贷款和金融衍生工具等，也包括集体投资基金等长期的贷款形式，但不包括商品期货。

由此可见，股市只是资本市场的一部分，而资本市场又只是金融市场的一部分。那么何谓金融市场？

金融市场是指具有一定规模的资金融通、货币借贷和买卖有价证券的活动与场所。金融市场并非一定要在固定的场所中交易，通过电子通信等方式完成的交易也可以被认为是金融市场的一部分，即所谓 OTC——场外交易。

而且，金融市场的参与者是资金供求双方，可以是个人、企业、银行、经纪人、证券公司、保险公司、投资机构以及政府机构等。金融市场交易的对象是货币形态的资金商品，并以利息作为价格。而利息通常是资金使用权转移的代价或者是资金参与生成的利润的分割。

其次，好些网友和财经媒体将股票和证券混为一谈。而事实上，股票只是证券的一种。

证券(Securities)是“有价证券”的简称，是一种表示财产权的有价凭证，持有者可以依据此凭证，证明其所有权或债券等私权。例如股票、债券、权证和股票价款缴纳凭证等。

总之，股市只是证券市场的极小一部分，而证券市场又只是资本市场的一部分。同时，资本市场又只是金融市场的一部分而已。将股市等同于证券市场，将证券市场等同于资本市场，进而将资本市场等同于金融市场，将会夸大股市的作用。这是最大的误区！

此外，股市的兴与衰，并不等于实体企业的兴衰。

由于一部分人把股市等同于资本市场，所以，好像只要股市牛了，资本市场就繁荣了，实体企业就能得到充足的血液了。其实，股市只是资本市场的极小一部分，尽管是最活跃的那部分。

比如在美国，企业总数有 3000 万家左右，而上市公司只不过 5000 家上下，这其中还包括超过 10％的加拿大公司，以及其他外国公司的 ADRs。再经过层层剥离，去掉僵尸壳公司，美国本土的、实体经济的、真正在正常运行的上市公司，迄今不过3000家左右。也就是说,美国上市公司中正常运行的公司,仅占美国公司的万分之一都不到!即使这3000家公司是美国所有公司中的翘楚,毕竟也只是部分公司而已。

中国也一样,迄今为止,沪深两市有上市公司2700来家,只占中国全部企业的0.02%都不到!很显然,股市并不是企业的主要融资来源。因此,不能把股市等同于资本市场,更不能将股市的兴衰和实体企业的兴衰混为一谈。而且,也只有健康的股市,才能对实体经济起到积极的作用。

股灾的根本原因是什么?

2016年2月25日(星期四),继年初中国股市经历暴跌之后,上证指数再次下跌187.65点(约6.4%),收盘报2741.25。而1月4日至1月15日股市下跌18%,更是引发全球股市的急剧抛售潮,美国道琼斯工业平均指数下跌了8.2%,可见中国对世界经济的影响力。

对此,《华尔街日报》的一篇文章指出:当前中国股市动荡的原因之一,是在巨额借贷资金刺激经济下,导致从工厂到豪华公寓的严重产能过剩。不过,中国媒体的分析却众说纷纭,有的说是因为熔断机制不妥当,有的分析是因为人民币对美元贬值,更有人认为是中国经济放缓所致……

事实上,这些也的确都是原因。自2015年起,尤其当A股蒸蒸日上的时候,利空的消息从未间断过。首先实体经济,特别是制造业,面临着下行压力。2015年4月,汇丰中国制造业采购经理人指数(PMI)为48.9,低于利空警戒线50。

到了5月，虽然PMI上升至49.1，但是却劣于市场预期的49.3，根源在于国内外需求疲软，产量和产出价格持续下滑，企业只能以削减产量来应对需求下滑。这说明制造业景气度正在恶化，通缩的压力相对强劲。

此外，地方债务状况不佳也是股市暴跌至关重要的因素之一。2015年5月18日，江苏省发行首批522亿人民币的地方债，其中包含置换一般债券308亿元，还新增了一般债券214亿元。此时6月份的PMI下滑为51.8，放缓至5个月的低位，而综合制造业和服务业的产出指数更降至13个月以来的低点50.6，服务业新业务指数也降到了52.2，这一系列变化说明需求低迷、经济全面减速。

而值得一提的是，2015年6月13日，中国证监会再次重申禁止场外配资，但是融资融券继续攀升，直至2.26万亿元的历史高位。最为关键的是A股的估值仍"高高在上"，堪称"全球最贵的股市"。A股的市盈率中值仍然有65倍，比美国的19倍高出2倍多，创业板的估值更是高达91倍，是纳斯达克的4倍，说明股市存在大泡沫！

从技术层面来分析，A股和纳斯达克非常相似：炒作题材，极少会股息分红，再加上引入期指，有了做空机制，这些极大地增大了股市风险。从2007年起，A股就像1998、1999年时的纳斯达克，走出一个与纳斯达克非常相似的图形，因此引发股市暴跌丝毫不足为奇。

可是，为何A股中的优质股也不涨呢？

这恰恰是中国股市的一大问题所在：投机者大大超过了真正的投资者，而优质股大多盘太大，投机者"翻炒"不动。因此，只有当真正的投资者超过投机者之后，中国的股市才有可能真正健康起来！

目前,大众在面对中国股市的问题时,都将输钱的“闷气”集中在证监会,甚至证监会主席的身上,而事实上股市暴涨暴跌的问题不在证监会。对普通散户来说,中国股市的真正问题在于最初的设计——是为企业融资纾困。如果这个初衷不改变,即使换掉100个证监会主席都没用!

历史证明,股票的价格波动是一个动态经济活动的重要组成部分,也是影响社会情绪的一个指标,股市往往被视为一个国家经济实力和发展的主要指标。如股市呈上升趋势会被认为是经济向好的象征,即所谓的经济晴雨表,因此很有必要培养一个正常健康的股票市场:投资者必须占大多数。

为什么这么说?

因为投资和投机是有区别的。投资是指你买入股票是希望得到定期的股息分红,而并不在意股价短期的涨与跌,其收益来自投资物所创造的财富。而投机是指你买入股票后,希望通过低买高卖(或做空)来获利,其收益来自另一个投机者的亏损。

因此,一个健康的股市,投资人一定要占多数,而且上市公司也必须进行货真价实的分红,而非把股价砍下一截的假分红。只要分红略高于银行利息,就能稳定股价。只有参与市场的多为投资者,上市公司又都能按P/E值(市盈率)的比例来分红,才可为广大投资者带来真正回报,也才能吸引退休金和养老基金入场,使股市进入良性循环,减少甚至不出现股价泡沫,以确保市场的有效性和稳定性。

股市暴跌蒸发的钱去哪了?

我们经常看到媒体报道,说股市市值蒸发多少多少。股市的资金说没就没,钱真的会“蒸发”掉吗？钱到底去哪儿了？

钱是人类制造的用来量化价值的商品。顾名思义，钱具备两种功能：一是量化价值，这里只是衡量商品等价于多少数量的钱，而不需要实际存在一笔钱；二是作为商品交易，即利用钱的商品属性进行交易，这里必须是实际存在的钱。

由于这两个功能通常是关联发生的，所以很多人会把它们混淆，但其实这两个概念是独立的。

举例：央视鉴宝栏目，专家鉴定这个古玩价值40万元，他并不需要现场拿出40万元把它买下来。问题核心是：“值多少钱”和“有多少钱”是两个不同的概念，前者是描述商品价值，后者是描述资金量。

股市同理，大家把“股票值多少钱”和“股市里的流动资金”搞混了。有人以为股票值多少钱，股市里就有同样数量的钱，当股票价值缩水20%时，他们就觉得有等价于20%的钱不见了。

其实所谓股市里的钱蒸发了，是指股票贬值等同于多少钱损失了，并不是真有一笔等价的钱蒸发了，而只是说股票市值降低了。

股市的股票可以理解为一种商品，它和普通的商品没有本质上的区别，这种商品的价值和市场对它的估值有关。

拿苹果举例。你有一个苹果，今天苹果卖3元一个，明天降价卖2元一个，你的苹果还是苹果，但是从价值上，你损失了1元，这就是市值蒸发。

很多人提到股市蒸发，说还是有人得利的，这样的说法也对，但这是针对整个经济体系的。市场中任何一件商品的价格变化，必然会带动影响整个市场。就好像猪肉掉价了，卖肉的亏了，但是消费者赚了。但是单独谈猪肉，它的价值是蒸发了。

所以很多人提到股市，说是一个交易的过程，这没有错，但这其实和股市里钱的“蒸发”或者“增值”是两个不同的概念。

想象一个新股民往股票账户里打入了 1 万元，他可以有几种选择：一种是购买 1000 股市价为 10 元的股票，一种是以每股 100 元的价格购买 100 股市价为 10 元的股票。

在买卖过程中，新股民的 1 万元流入卖家的股票账户，总的资金没有变化，但对公司市值影响却十分不同，前者对公司市值没有影响，但后者则使公司的市值翻了 10 倍。

如果这家公司有 100 万股，那么其市值就从 1000 万元突变为 1 亿元。人们不禁要问，这 9000 万元是怎么创造出来的？人们更觉得疑惑的是，明明新股民只打入了 1 万元，为何创造了 9000 万的市值？

这种市值虽然用人民币元来衡量，但这并不是多少亿元的银行存款，也不是多少亿元的纸币，而只是用人民币标价的股票罢了。

人们也可以用同样的方法估计全中国香蕉现货的市值、大米现货的市值，但因为这些商品的市值变动较为缓慢，统计较为复杂，所以人们也并不会去关心大米价格的涨跌有没有让大米的价值蒸发，反而会理解为大米价格的起落。

所以股票市值本身就是一个人为计算出来的量，如同把全国人民的体重加起来算中国人民的总体重一样，总重降低说明大家减肥了，但并不能说明谁从人间蒸发了，同理，市值下跌也只能说明股价下跌了。

从货币的角度可以看到，目前投保基金公布的股市保证金余额为 2.4 万亿元，这些都可以随时转变成银行存款。

可以想象,如果所有人齐心协力,用这 2.4 万亿元买 100 股某家公司的股票,然后在这个价格上卖掉,再买另一家公司的 100 股,所有公司买过一遍之后,每家公司的股价都是 240 亿元每股,但真正能够还原成银行存款的,也就还是原先的 2.4万亿元。

股票毕竟不能用来当钱花。当大家都想卖股票而持有保证金的时候,整个估值自然就下来了,但保证金还是那么多保证金。

所以股市大跌、市值减少对于货币量其实没有影响,钱并没有蒸发。保证金存款虽然在不同的股价上易手,但总量还是那 2.4 万亿元,并没有减少。每个股民持仓的价值,只能被解读为“如果现在你卖的话能得到这些钱”,而并不是像钱包里的纸币那样“你有这些钱”。

而当卖出股票得到钱的时候,其实是从另外一个人的口袋里拿到的钱,股票易手只是一个给钱的理由罢了,而并不是像银行结售汇那样,我把 100 美元纸币给银行,银行就按当天的汇率给我相应的人民币,如果好多人这样做,银行就能给出好几十万亿元的人民币。股民是不可能从目前的股市中提出市值那么多的银行存款的。

股市是一个虚拟经济,股价只是一个货币符号,在不同点位下代表着不同的数字。整个股市有 2/3 的股票处于非流通状态,加上流通价的下跌产生了一定的杠杆效应。

举一个简单的例子来说,你有 3 亩地,以 1 万元的价格卖了 1 亩给别人,于是市场价就是 1 万元;你还有 2 亩地,身价就是 2 万元。后来那个人把地转给另一个人，2 万元成交，于是每亩地市场价升到了 2 万元。于是你的资产就要重新计算了，变成 4 万元。最后那亩地被辗转交易了多次，最后接手的人用了 100 万元买地，于是每亩地最新的市场价达到了 100 万元，这时你的资产又要重新计算了，你的身价升到了 200 万元。后来碰到经济萧条，最后接盘的人被迫以 1 万元卖掉土地，市场价格又回到了 1 万元。于是，你的资产被打回原形，从 200 万元跌到起点的 2 万元，中间蒸发了 198 万元。其实这就是一场纸上富贵，并没有真实金钱的损失。

可见，市值蒸发并不等同于真实的财富缩水，这种蒸发的奇观源于“边际撬动”现象，即某个交易日里仅仅有 10％的股票交易，就能把股票价格带到一个不可思议的高度，那么其他 90％的没参与交易的股票也自动分享了这一“疯狂的荣耀”。市值是一个怪物，它有属于自己夸张的“数字杠杆”。

股市蒸发的钱其中一部分是“虚拟”的，但确实有很多真实的钱流向了以下四个渠道。

1. 交易成本。首先是印花税收。股票交易印花税是从普通印花税发展而来的，是专门针对股票交易额征收的一种税，目前采用的是征收 1‰的单边印花税。2007 年 5 月 30 日，财政部突然宣布将两市证券交易印花税由 1‰上调至 3‰，引发市场著名的“5·30 大跌”，不到 10 个交易日内沪指由 5 月 29 日收盘的 4334 点跌至 3404 点。2008 年 4 月 24 日，财政部又出手“救市”，将印花税下调至 1‰，当日沪指暴涨 9.29％（即著名的“4·24 行情”）。同年 9 月 19 日，财政部又将印花税改为单边征收，当日两市 A 股全线涨停报收（即“9·18 大救市”）。

其次是券商收益，也就是佣金。每家券商针对不同投资者给的佣金费率可能不同，最高为3%。

此外，还有支付给证券登记清算机构的过户费、支付给基金的管理费等。

2.上市公司以及公司的“大小非”们。股票上市后，上市公司就成为大众的投资对象，就能向大众筹资。我们先忽略投机行为，用一个简单的例子来分析。为什么一开始会有人给公司白送钱？是因为公司必须给持股人定期分红，即把公司的利润分一部分给持股人。如果公司经营得很好，分红的收入可能会远超过认购股票的支出。为什么有时会有很多人想买股票？是因为多数人认为公司会越办越好，少数人认为公司会越办越差。反之亦然。

“大小非”，“非”是指非流通股，即限售股，或叫限售A股；“小非”，即小部分禁止上市流通的股票；反之叫“大非”。股改使非流通股可以流通，即解禁（解除禁止）。一旦“大小非”解禁，增加市场的流通股数，非流通股就完全变成了流通股。非流通股可以流通后，持股者可能会抛出来套现，这就叫减持。

有分析认为，最大的“庄家”既不是公募基金，也不是私募基金，而是以低成本获得非流通股的大小股东，也就是所谓的“大非”“小非”。其中最有发言权的则是控股大股东——他们对自己企业的经营状况最为了解，但股改之前大股东及其他法人股东的股份不能流通，所以他们对公司股价既不关心，也无动力经营好上市公司。

3.“投资高手”、游资、热钱。经济学常识告诉我们，证券市场上的资本交易是一种“零和博弈”，一方赚钱，就有一方输钱。

假设中国股市只有一只股票X。X股在上市时一共发行了100股，现价为每股10元。

股民张三拥有这些股票，这时股票市值为 10 元/股×100 股＝1000 元。张三为了赚钱，标价每股 11 元把这 100 股卖给了李四，股民李四掏出 11 元/股×100 股＝1100 元获得这 100 股。此时股票市值为 11 元/股×100 股＝1100 元，而张三也利用价差赚到了 100 元。

然后李四听到不利消息，怕 11 元卖不出去，决定以每股 10 元卖出股票。王五不知道这个消息，花了 10 元/股×100 股＝1000 元买下了所有股票，截至此时，股票的市值为 10 元/股×100 股＝1000 元，相对于之前 1100 元市值减少了 100 元。这 100 元是谁得到了呢？明显可以看到，是被张三赚走了，就是被在股票下跌前抛售股票的那个卖家赚走了。

同理，只需把以上的情节稍微扩充，就可以还原我们的真实情况：张三代表的是股价下跌前的一群卖家，李四代表的是股价下跌前的一群愚蠢买家，而王五更是一群承接烂货的买家。

赚钱的“投资高手”多数是掌握市场信息者，比如证券公司或投资基金的管理人员，尤其是操盘人等。他们会选择某一时机“暗渡陈仓”，最终让钱落进自己的腰包。而由于游资、热钱的资金额较大，在某些程度上有能力左右股价。

4. 极个别的散户。股票市场里的这群赢家还有谁？根据一般常识，我们可以得出以下推论：在这群人中，力量薄弱、操盘能力不足、消息不灵通的散户，是绝不可能作为大比例存在的。而拥有庞大资金、强大团队和丰富的第一手消息的大机构，更有可能是股价下跌前及时退出的赢家。

当然，从中国有证券市场以来，也确实出现过投入几万元赢到上亿资产的投资幸运高手，然而，这一部分人的比例只能以数百万分之一来计，A 股市场交易者大多数还是散户，这些散户的资金在世界证券史中有一个典型的名称，叫“笨钱”。英国经济学家沃尔特·白芝浩曾对“笨钱”做过经典的描述：“这些我们称为‘笨钱’的财富，特别庞大和热切，它们若投怀送抱，便会造就暴发户；它们若碰撞到谁，便有了投机者；它们如果迅速逃离，便留下恐惧和萧条。”

但这些中小投资者却往往很天真，以为炒股一定会赚钱，或者说压根就没有亏钱的准备，买入卖出完全是人云亦云。于是一不小心被深度套牢，或收益腰斩，或本金亏空，很多人亏到连自己的账户都不敢看了。几番跌撞，几多被套，才知道：“人家赚钱，不一定意味着你也能赚钱。”

买卖股票的时候是众多买家卖家一起出价，看谁和谁的正好碰在了一起。如果市场普遍看好某只股票，很多人都想把它买进来，而愿意把它卖出的人相对比较少，这时卖的人报的售价就会比较高，以满足自己获利的目的。

买的人看到价位比较高，就会考虑买入是否合算，如果觉得合算，就可以报一个比上一次成交价更高的价位，以达成一次新的成交价。这样价格就被逐步抬上去了。反之，如果股票不被看好，多数人希望赶紧抛掉，就会压价卖，让买方接收过去，价格就逐步被压下来了。

股票的价格和业绩有一定的关系但不是紧密相关，投机型的庄家手里操纵着数十万、数百万股，股价即使只波动几分钱，都会带来巨大的资金变化，他们不会像中小股民那样愿意捂着等结果，而是会积极地寻求新的投机方向，因此一旦有苗头显示某只股票今后可能会跌，就要在其成为事实之前赶紧出逃，反之就得迅速建仓。

只有投资型的庄家，对某只股票买上百分之十几到几十的股份，等着最后吃红利的，才不会随意抛售。

比如市场上有1000股股票,价格为每股10元。此时有10人要买,且愿意付出一定的溢价,但是在10元这个价格可以被卖出的股票只有100股,有一个人手很快,很高兴地就全买走了。而其他9人一看没有股票可买了,就有人提高了购买价格,说:“10.1元我买100股。”正好又有另一个卖家愿意出售,于是他们成交了。成交完毕,市场上再次无股可买,于是又有人加价,如此循环,股价就上涨了。根据市场的需求和销售曲线,股价越高卖的量越多,反之则相反。

所以,股市本是一个投融资的场地,无奈不少A股的股民投机心态过重,把其当成赌场,最终,自己的资产被“蒸发”了,流到别人的手上。

“灰犀牛”会来吗?

近来,“灰犀牛”这个名词引发了广泛关注。“灰犀牛”是由美国学者米歇尔·沃克2013年在达沃斯论坛上的一个讲话中提出来的。灰犀牛体型笨重,反应迟缓,起初你在远处看见它时可能毫不在意,但是一旦它狂奔而来,就会让人毫无反抗之力。人们将这种对大概率危险事件长久视而不见,最终引发金融危险的危机称为“灰犀牛”。

2017年,在中国监管层提出要警惕金融风险这一“灰犀牛”之后,整个中国金融圈发动了一场寻找“灰犀牛”的大运动。房地产泡沫、银行不良负债等问题都被认为是隐藏着的“灰犀牛”。

实际上,在全球的金融业内,被忽视的“灰犀牛”一直都存在。

金融大鳄罗杰斯曾在2017年的一次公开场合表示:“每隔4～8年,美国(或欧美)便会出现经济问题。我们遭遇金融问题并不罕见,预计下一次金融危机将从今年或明年开始,这可能成为你我人生经历中最糟糕的一次危机。”

从历史上看,在19世纪初期,由蒸汽动力和工业革命创造的过量财富,大多被投入伦敦股票交易所的机车股票,泡沫因此而开始形成。而纽约证券交易所上市的公司股票中,铁路公司的股票占了50%份额。因为机车工业尚处于起步阶段,这种泡沫必然无法持续,最终会破灭,1850年的经济大崩溃由此发生。

而研究结果表明,铁路的鼎盛时期是在19世纪八九十年代。因此,导致1850年经济崩溃的直接原因,是投机过热和科技创造了财富,可见这只“灰犀牛”需要几十年才能发展成熟。

这种情况周而复始地持续着,因为过量的财富必须找到一个去处。2008年的金融危机前,是一个被称为第三次科技浪潮的时期。高科技带给硅谷巨头们惊人的财富,这些财富也被投入房地产市场,形成巨大的泡沫。飙升的房价令人们忘乎所以,纷纷以房产作为抵押品从银行套现,用来奢华消费(购买游艇、珠宝等),这进一步助长了泡沫的膨胀,结果迎来了百年不遇的金融海啸,这又是一只一直被人忽略的“灰犀牛”。

而当下,2008年以来百年不遇的金融海啸所引发的金融危机,从表面上来看似乎早已平息,可事实上,那只是在货币宽松、超低利率、零利率,甚至负利率刺激掩盖下暂时的和平,之前引起危机的问题并没有被解决,甚至更加严重了。

那么“灰犀牛”到底会不会来?找出“灰犀牛”很容易,防范“灰犀牛”却很难,不管是中国还是世界,人们都需要以史为鉴,防范金融风险。

通胀之后必然通缩

对大多数普通百姓而言，一大早挎个菜篮到菜市场买菜，是一天生活的开始。俗话说，“民以食为天”嘛！然而，今天这一篮子菜花了多少钱？明天花相同的钱是否还能买到这一篮子菜？相信这是老百姓最关心的问题，带着朴素情感的普通大众当然希望听到肯定的回答。

不过大家可能会失望，由于这些年全球经济一体化，宽松货币刺激的结果使全球的资产被泡沫化，老百姓的钱被稀释，通胀吞噬了人们的购买力。于是大家纷纷购买股票、房产、黄金、白银等资产，以期抵抗通货膨胀。

我在加拿大时结识了一个当地的朋友，前些年，他的钱基本都投入了股市，几年玩下来是赢少输多。我多次劝他不要跟风，股市早就不是什么经济的晴雨表了，而是被人为地过度干预，极度扭曲，“那只看不见的手”几乎失去了应有的功效。而且财经新闻的水分又很多，所有的利好消息在他买入股票时都已经反映在股价上了，待他买入时已“高处不胜寒”。当他卖出股票时却恰恰相反，市场一片坏消息，所有的利空已出尽，股价上已经反映了出来，该跌的也跌够了，只是他心理承受不住，想卖出“止损”。像他这样的普通散户，犹如羊群被赶来赶去，“人为刀俎，我为鱼肉”也是早晚的事。

于是从前年开始，他“金盆洗手”不再玩股票，但也不愿把钱老老实实存在银行里。加拿大的利率开创了有史以来的最低点，撑住了房市，但跑不过通胀率，搞得存钱者好似傻瓜一般。而投资房市看似是不错的选择，他周围几个前些年开始炒房的都赚大发了。经不起诱惑，他在老婆的怂恿下，买下一套楼花。

后来听说加拿大央行将要加息，即使暂不加息，银行也已收紧房贷审批制度，并纷纷提高房贷利率，这些消息都暗示着房价要回调。而据他自己计算，炒房的回报并不像预期的那么理想。他问：究竟要怎么办，他的钱才能保值并增值？

欧美国家的人寄望于政府刺激计划，比如推出 QE3 来振兴经济。请大家仔细想一下，靠政府救助有用吗？显然没用。要是有用的话，欧美经济就不会糟糕到今天的地步了。有人说，只要一直刺激着不就行了吗？可是，政府哪来的钱？还不是羊毛出在羊身上，最多只能救急，无法救穷。而恰恰是那些刺激，把小病拖成了大病，甚至拖成不治之症。

任何国家的经济都不可能无休止地持续增长，通胀也不可能长久地持续下去，特别是当人人都以为凭借自己炒房、炒股、炒金，不必靠劳动就能坐享“财产收入”的时候，储蓄就会被耗尽，衰退也必将来临。而一旦进入衰退期，最好的方式就是顺其自然，与经济规律对抗最终将无果。

当年美国的大萧条，其实一直延续到二战后才结束。凯恩斯的政府干预刺激，其实只是将原本初一发生的事情拖到了十五，反倒是把萧条时间拖长了。日本就是一个明显的例子，在政府的不断刺激下，依然失去了将近 30 年。

泡沫小的时候，尚可所谓“软着陆”，泡沫大了就不可能了。泡沫和经济危机就好似一对欢喜冤家，更如同作用力和反作用力，方向相反，大小相等，这是定律，是人力无法改变的。经济危机实际上是对泡沫的修正，泡沫越大，经济危机就会来得越猛烈。通胀之后必定会通缩，就像潮涨潮落的自然规律那样。是自然之物能长久，还是人造之物可长久？用人的意志来左右市场，其实归根到底是无法最终左右市场的，而只会受到市场更强烈的反弹。

历史总是在不断地重演，因为人性千年不变。《压垮世界的泡沫》一书写于1931年，在书中，加雷加勒特将1929年的经济危机归咎于债务之山的倒塌，以及美联储全力开动印钞机。这一切扭曲了社会生产结构，而危机是对这一扭曲的纠正。

所以，在经济形势不明朗的时候，我还是要强调重复了无数遍的话，千万要捂住自己的钱袋子，或者把钱投入传统的金融产品，比如投入国债（选财政健康的政府的债券），或通过银行购买保本低回报的金融产品，即便不增值，也比被一个金融海啸卷走要强。因为通胀的时候资产已被炒高了，指望靠投资（说投机更为确切）来保值一点都不靠谱，最先抛盘的一定是做局的霸权资本。等到大众醒悟过来为时已晚，资产跌去一半都是稀松平常的事。

投资什么抗通胀？

通货膨胀对经济的影响是多方面的：在某个特定时期，轻微的通胀可能是正面的；但在任何时候，高通胀绝对都是负面的，而恶性通胀更将摧垮经济！所谓低通胀的影响可能是正面的，主要是因为它能够缓解经济衰退，通过减少实际债务水平来达到减免债务的目的。美国通过量化宽松政策来稀释他们的巨大债务就是最好的实例。

通胀的负面影响主要表现为一段时间内货币的实际价值降低了。由于对未来通胀的不确定性，人们会减少稳定的投资和储蓄。当高通胀发生时，因担忧价格进一步上涨，消费者会开始囤积商品。这种状况的持续将导致商品短缺，价格就真的快速上涨，由此引发恶性循环，直至走向恶性通胀。

恶性通胀对一个国家的经济危害远比通缩更可怕，1923 年德国发生的恶性通胀就是一例。在第一次世界大战期间，德国和其他国家一样必须通过巨额举债来应对战争的支出，因此引发了通胀，但比同时期的美国通胀率要低。战争过后，德国通胀有所控制，不过没多久通胀又开始抬头。到了 1923 年，历史上最疯狂的通胀在德国肆虐，价格通常在几小时内便可翻一番。为了尽快将现金换成商品，一种近乎野蛮的大采购在德国蔓延，到了当年年底，一块面包的价格竟然高达 200 亿马克。一个夸张但真实发生过的场景是：家庭主妇拿纸币（马克）来烧火，因为直接用纸币当柴火比用纸币去购买柴火更便宜。

不管是低通胀也好，高通胀也罢，最终吃亏的总是老百姓。在通胀情况下，老百姓为了守住辛勤劳作换来的钱，毅然决然地将钱进行资产类投机，如投入股市、楼市，还有很多人把钱投入了金市，可是这样就能守住财富吗？事实上，在通胀下，这三个“市”几乎都有泡沫，而且都已经到了“高处不胜寒”的境地。这时候入市等于是自杀，因为谁也无法保证能在泡沫破灭前一刻及时退出，只要一个金融浪头袭来，资产就会立刻被吞没。

大家可能会认为，在通胀时，借钱消费是明智之举。因为当时从银行借来的钱很值钱，而后来偿还的却是贬值的钱，因为通胀侵蚀了钱的价值。举例来说，当你去银行签下一纸买房合约，银行似乎只能眼睁睁地看着它的购买力被稀释，而你却大获全胜。看上去你真够精明的，懂得以负债来抗衡通胀。这也是银行一直不遗余力所宣传的用“明天的钱圆今天的梦”的借贷消费模式。

但是请别忘了,银行不是慈善机构,借钱是要偿还利息的。它们不断向大众灌输“贷款是最聪明的做法”的思想,以此来引诱借贷消费者掉入债务陷阱。美国2009年的次贷危机就是最好的实证。那时,几乎全社会的人都以为进入楼市有利可图。有人为了获取房贷甚至不惜一切代价,包括出具假证明。人们心甘情愿被银行收取高额利息,因为他们深信资金投入楼市的收益一定会超过向银行贷款的利息。然而,万一有一条资金链断裂,银行清算你获得“收益”的时候也就到了。在特定的情况下(比如因失业无法偿还欠债),银行就可以名正言顺地“剥夺”你的房产。嘿,谁叫你借钱不还呢!

当房价被借贷消费越炒越高的时候,拥有房产的人或许会欢天喜地。不过千万别高兴得太早,既然纸面资产能够膨胀,那么它就能缩水。通胀之后必有通缩,一旦经济环境发生变化,即通胀达到一定程度的时候,信贷资金无限扩张就会导致货币体系崩盘。于是乎,重锤悄然而至,空中楼阁轰然倒塌,资产价格的下跌会像自由落体那样让人猝不及防,无数在高价位买入资产的民众瞬间便可倾家荡产。

楼市有风险,股市更是高危地带。迄今为止,中国股市还不是一个有效市场。20多年来,中国股市依然难以被称为健康的市场。由于信息不对称,平均每个散户的亏损估算超过8万元人民币。在熊市中,许多炒股的人是“宝马进去,单车出来”。而号称最保值的黄金,在20世纪80年代曾一度高达每盎司850美元(相当于现在的2500美元)。后来一个金融浪头袭来,金价就被打落到每盎司200多美元。

看到这里,你也许坐不住了。不投入这三个“市”,难道眼睁睁地看着手中的钱变得越来越不值钱？真是进退两难。说穿了，通胀是对辛苦耕耘、勤俭节约的人们的惩罚，绝对不合天道！那么还有什么是我们可以做的？

更重要的是，应该摒弃盲目跟从的心理。切忌失了方寸随风而倒。不要一有人说黄金能保值，大家就都去买黄金；一有人说白银好，又都去买白银。现在全球经济一体化程度越来越高，在大宗商品市场，金融霸权早就在低位进场做好了局，就等着最后的傻瓜来接棒。

大家特别要谨记一点，通胀不该也不会是常态。老百姓在这种时候只有指望政府出手，相信中国政府为了维护安定团结的社会局面，吸取历史上恶性通胀的悲惨教训，也肯定会出手。只要政府出手控制，紧缩货币政策，通胀的情形最多一到两年便有望得到逆转。

如今，大多数主流经济学家都钟情于稳步的低通胀率。他们认为低（相对于零或负）通胀能减少劳动力市场的低迷，当经济衰退时能更快速地调整经济，以防货币政策给稳定的经济带来流动性陷阱的风险，也就是新凯恩斯学派之说。保持低通胀率是各国央行的职责，通胀率可以通过控制货币发行量来调节，所采用的手段有：调整存款准备金率、调整再贴现率和公开市场操作等。

然而，按照传统的经济理论，通胀根本不该是常态。随着生产力的大发展，特别是近100年来，随着科技进步一日千里，劳动生产率飞速提高，商品价格本该越来越便宜。过去的裁缝靠手工缝纫，每天只能生产一件衣服，现在靠缝纫机生产，一天能生产10件衣服，价格应该下跌才正常。应该像家用电器、电脑和手机那样，不但款式不断更新，性能越来越强，功能越来越多，而且价格应不断下跌。

但是这几十年来，由于凯恩斯学派占了上风，所以通胀变成了常态。凯恩斯主义之所以受青睐，是拜美国20世纪30年代的大萧条所赐。当初采用他的方法犹如给萧条的经济打了强心剂，原本是没有办法的办法，权宜之计而已。不料，大萧条结束之后，人们以为是凯恩斯学说解救了大萧条，并将其学说演变成新凯恩斯主义，把他的方法当作常用的“补品”。于是，通胀变成了常态，金融海啸也就一个接着一个不断向人们袭来。

这样的戏码，几十年来在世界各地上演了无数次。从20世纪70年代的南美、80年代末90年代初的日本、90年代的东南亚，到这几年的美国金融危机、欧洲债务危机，一波接着一波，从不太平。那么多次的金融危机都证明了：每一次虚假繁荣过后，大多数人的资产都将被洗劫一空。

说得通俗一点，通胀就好似人发了高烧，偶尔发一发，说不定还可增加抵抗力；可一旦长期发高烧，身体是受不了的；而通缩就是退烧，是恢复健康所必需的过程。当然，正常体温（即不通胀也不通缩）才应该是最佳常态。只有保持正常体温，经济才能真正地健康发展。

回归到常识上来分析，经济现象便不难理解。不管如何人为地去调控，通胀之后肯定会通缩，就好似月圆月缺这么自然。日本经济快速增长了30年，随后通缩了20年，其特征是今年的100元，等值于去年的103元，相当于每年3%的通缩率。日本如此通缩了20年，放松货币的“灵丹”不灵了。采用零利率，甚至负利率都不起作用。为何灵丹妙药不灵了？因为之前的窟窿捅得太大了，再增加发行新货币也只是填补旧的窟窿而已。大家之前所花的钱，都是明天并不存在的钱。

06

你是在投资，还是在投机？

投资和投机这两个词，在不同的金融词典上有着不完全一致的说法，好些金融大鳄、金融学家，甚至经济学家，也都有着各自不尽相同的诠释，以至于大家日常经常混用这两个词。而普通大众则更无法准确地把投资和投机两个词区分开来。在我所听过的多个定义中，个人觉得，当年我在纽约大学进修金融课程时，一位来自哈佛大学的犹太教授的定义，最为简明并准确：

投资——基于价值的变动；

投机——基于价格的变动。

别混淆投资和投机

可能是由于职业的关系，在国内，一旦手握电视遥控器，我就会调到财经频道。看着看着，我渐渐地发现，这些频道里出现最多的两个词儿就是“投资”和“投资者”，好像只要买入任何资产，或者证券什么的，就是投资；而只要涉足金融市场，就是投资者。

记得我初进华尔街时，最常听到的也是两个词儿，一个是“Investment”，另一个是“Speculation”。从字面上来看，前者是“投资”，后者是“投机”，意思当然是截然不同的。投资的收益来自投资物所产生的财富，而投机的收益来自另一个投机者的亏损。换句话来说，投机是参与一种零和游戏（不计算交易成本和税收，亏损的钱和赚取的钱之和为零），比如股票的利息分红（欧美股市中绝大多数股票都是有分红的）、债券的定期 Coupon（票息）或房租收入等，这些投资不属于零和游戏的范畴。但假如买入了一种商品，指望能以更高的价格卖出的话，不管是什么样的商品，就只能归类为投机了。

比如前几年，普洱茶收藏非常热火，据说仅珠三角地区就有近 20 万收藏者。各款不同的普洱茶“珍藏版”层出不穷，据说老茶饼动辄就能拍出数万乃至数十万元人民币的高价。由此我又联想到东南亚富人爱收藏的法国红酒——拉菲罗斯柴尔德(Chateau Lafite Rothschild)。

拉菲红酒历史悠久，由塞古尔(Jacques de Segur)家族创始于 1680 年，发展到 18 世纪初获得了“国王之葡萄酒”的美誉。在美国第三任总统杰斐逊的档案里，披露了杰斐逊经常为乔治·华盛顿(美国的开国总统)购买的拉菲酒，它们历来价格不菲。当年杰斐逊拥有的产于 1787 年的拉菲酒，被创纪录地拍卖到 15.6 万美元一瓶的高价。

随着法国大革命的到来，塞古尔家族的财产在 1794 年 7 月被充公，失去了对拉菲酒庄的拥有权。3 年后，拉菲酒庄被荷兰财团买走了。之后几经易手，到了 1868 年，酒庄被詹姆斯·罗斯柴尔德男爵以 440 万法郎购得。男爵在拉菲后面冠上了家族之姓——罗斯柴尔德，至今已有 142 年。

跨越了悠悠岁月，产于以下年份的拉菲酒最受人推崇：1945 年、1959 年、1961 年、1982 年、1985 年、1990 年……如果现在想买一瓶 1945 年的拉菲酒，需花费约 4600 美元；而 1982 年的稍贵一些，价值约 5000 美元；其他年份的相对便宜，但也价值不菲，比如 1990 年的也需要花费将近 1000 美元。

随着中国富人日益增多，拉菲红酒自 2008 年投放市场的 6 个月里，酒价在全球被推高了 125%。不过，中国富人购买拉菲酒大多不做收藏，因为收藏一级红酒的过程相当复杂，牵涉到季节、温度、湿度和放酒的角度等众多因素，需要专业人士来管理。中国富人喜爱高级红酒，主要是出于商业运作的需要，商业伙伴间一杯昂贵的好酒下肚，也就什么都好说了。

假如极品红酒的收藏工艺不那么复杂，购买红酒作为投资的中国人一定大有人在。想想看，一瓶 1787 年的拉菲酒能被拍到 15.6 万美元的高价，谁能大胆地说它不是增值的投资品？别忘了，拉菲酒本身不会带来固定收益，就像买入黄金那样，其收藏的过程还必须支付高昂的保管费，要想获取收益就只能期望以更高的价格卖出。也就是说，必须等待下一个肯接手的买家，就好似我们小时候玩的击鼓传花游戏，万一最后砸在你手上，那么前面那些人的收益，其实也就是你的付出。

现在读者对投资和投机的区别应该一目了然了。那位拍走杰斐逊总统收藏的拉菲酒的有钱人，只有在不想收藏、再次拍卖，并且有人肯出超过他支付的价钱时，才算获得了收益，这样的交易无疑属于低买高卖的投机行为。而罗斯柴尔德家族花费 440 万法郎购得的拉菲酒庄，每年产出 3.5 万箱一级红酒，以高额的价格向全球出售，其收益是投资产生的财富，毫无疑问，当属于最有眼光的投资了。

一个健康的市场需要投资者和投机者同时存在，否则这个游戏就玩不起来了。

投资风险可控，投机风险不可控

前面说了，投机是零和游戏，有人赢了，就一定有人输。就如同进赌场，一人赚，两人打平，七人亏，输的多半是散户。为什么？由于市场信息极其不对称，普通百姓往往是最后才得知好消息（或者是坏消息）的群体。当你听到有人发财的新闻时，那就更不能轻易进场了。因为你多半会成为那七个人中的一个，你所亏损的钱,正好进了前面那个人的腰包!

当然,投资也有可能亏损,但是相对投机来说可控度比较大。比如在欧美就有一种抗通胀的债券,其回报率一定能超过通胀率,买入这种债券带来的票息(Coupon)回报是可以预期的,并能抵御通货膨胀。

我一直强调,对于普通百姓来说,要多做投资,少做投机(包括早就不属于投资产品的黄金),除非你有过人的第六感,否则小赌怡情,玩玩即可。

前两年,国内市场出现了形形色色的贵金属、原油投资平台,这些都是典型的投机炒作、击鼓传花游戏。

2015 年 7 月,昆明泛亚有色金属交易所出现资金断裂,导致 22 万投资者难以讨回大约 430 亿元资金,涉及北京、上海、广州、杭州、沈阳、宁波等城市。

9 月 3 日,公安部针对泛亚事件,下发了《关于认真做好昆明泛亚公司涉稳问题应对处置工作的通知》,要求各地公安机关切实做好泛亚涉稳问题的应对处置工作。

泛亚有色金属交易所自 2011 年开盘以来,吸引人们一窝蜂地投入重金到自己根本不了解的行业。不得不令人深思的是,22 万人的投资者群体全都陷入泛亚兑付危机,泛亚公司的高管被限制出境。

为何如此多的人在这个案件受骗?除了归咎于人性的贪婪和监管的缺失,更关键的原因是百姓普遍混淆了投资和投机行为。

通常来说,预期从投资金融产品的自身获得回报,是一种健康的心态,更属于投资行为。但人为炒作追求高回报,完全不管一种商品的真实价值,愿意花费高价购买,就是一种投机行为。因为他们预期最后一个买家会以更高的价格从他们那儿把它买走，可价格不会涨到天上去，总要有人为这场昂贵的游戏买单。

为何普通投资者在投机行为中更容易吃亏？因为投资注重收入，其风险是可控的；而投机的风险，对于普通散户而言，由于市场信息极其不对称，是不可控的。进一步而言，投机和赌徒的行为本质上是一样的。结果散户多半会输给庄家，就像赌徒总是输给赌场！

当然，在资本市场，追求投资回报是相当正常的行为。目前而言，在全球经济面临通缩的情况下，整体投资回报率大幅降低，能获得4%～5%的投资回报率就已经很不错了。如果你听说一种产品回报率特别高，并且没有风险，那肯定是不靠谱的。

这就是泛亚事件留给大家的血的教训！

投资不一定赚，不投资肯定亏

前面谈了那么多关于投资的风险，那我们还要不要投资呢？

我在纽约大学里修过一门股票分析课，这门课首先谈到了钱的时间价值。举个例子吧。在100年前的纽约，坐一次地铁只需5分钱；买个热狗呢？3分钱。而现在，坐一次地铁要2美元，买个热狗至少也要2美元。可见同等数目的钱随着时间的推移在不断地贬值。记得教那门课的老师亚瑟说过一句令人印象深刻的话：“投资不一定会赚，但你要是不投资，肯定亏！”为什么呢？因为不投资的话，你放在家里的钱随着通货膨胀，肯定会渐渐地贬值。

我老家有个姑妈，家里孩子多，姑父又不会做生意，经济条件比较差，家父和大伯叔叔们常常接济她。有一天，我姑妈哭着来找我大伯，说她的钱都“坏”了，不能用了。大伯忙问她怎么回事儿。我姑妈说:“你们给我的钱我舍不得用,放进铁盒子藏在床底下,准备留着将来给儿子娶媳妇用。没想到,昨天发大水,我只顾着将家具、电器搬到高处,等想起钱盒子,打开一看,钞票都泡烂了,不能用了,好几千啊!”大伯看她哭得伤心,马上拿出几千块钱安慰她:“算了算了,只当破财消灾吧。不过,你为何不把钱放到银行去呢?又保险还有利息。”我姑妈说:“很麻烦的,要用钱时也不方便。”大伯道:“麻烦什么?好吧,我帮你去搞定吧。”

自此以后,我姑妈就把钱存到银行里。20世纪90年代初,她大儿子结婚,我老家的房子还只是每平方米800～900元,买一套100平方米的房子不过八九万元就够了。可她那时为老大筹办婚事后只剩下1万元,不够付首期。弟兄们给她的钱已经不少了,她也不好意思再求他们。她让儿子在家里先结了婚,说等钱存够再买房子。没想到,等她存到2万元时,一套房子涨到了至少12万元;再等她存到3万元时,房子涨到了15万元。她银行里的存款怎么都无法赶上房价的增长。最后还是她的大儿子和我的叔伯们合伙做生意,赚了钱,才买下了房子。

由上面的例子可见,钱放在家里是不行的,存在银行里呢,利息赶不上物价的上涨,钱也不断地贬值。那钱究竟放在哪儿最好呢?

我曾看到一份统计报告,报告统计了美国前80年各种投资工具的回报率。在这80年中,美国有过多次股市狂飙、房地产高涨的美景;也经历过大萧条,经历了“9·11”恐怖袭击、几次股市大崩盘和房地产泡沫的破灭。上上下下几多沉浮,这份总结统计报告应该非常能说明问题。因为在美国,几乎每家银行都是FDIC(联邦保险公司)的成员,所有的存款账户是有FDIC保险的。即使你存钱的银行倒闭,每一个10万美元以下账户的钱,都将由联邦保险公司偿还给你,你完全可以高枕无忧。按这个统计报告，如果你在 1925 年有 1000 美元，要是放在银行里，到 2005 年会变成 1 万美元，因为这 80 年来的平均年利息是 3%左右。听上去不错吧？涨了 10 倍。但不幸的是，这 80 年的平均通货膨胀率是 3.5%，等于 2005 年要超过1.5万美元才能抵得上 1925 年的 1000 美元。也就是说，将钱存银行的结果是亏了不少。

看来，要保值增值的话，将钱放在银行的普通账户里是不行的。放在一般银行存款账户上的平均年利息是 3%，抵不上通货膨胀率 3.5%的速度。其次是政府债券，平均回报率是每年 5.5%，如果 1925 年投入 1000 美元买政府债券，到 2005 年会增值至 7 万多美元；再接着是房地产，1925 年市值 1000 美元的房产，到了 2005 年值 10 万美元左右，平均增值率是每年 6%。投资房地产和政府债券差不多，可以超过通货膨胀。

接着再来看看投资股票的回报率。每个不同阶段选 100 家有代表性的 Large Cap（大公司）的股票平均值，假如 1925 年投入 1000 美元的话，到 2005 年的市值是 200 万美元，平均年回报为 10%；而最高的是投入不同阶段的 1000 家 Small Cap（小公司）的股票，平均每年的回报率是 14%，到 2005 年值 3500 万美元！

大家是不是有些不信？我刚看到这份报告时，对最后那两个数据也是半信半疑，后来核对了许多材料，自己又用 Excel 反复验算了好几遍，才相信结果真实不虚。注意，这份报告里所用的增长率都是指复利。

华尔街“傻瓜”投资法

20 多年前，我刚进银行家信托时，公司要求我将外面所有股票的账户全部呈报。因为我们能接触到大量的内部信息，是所谓的内部人员。美国法律严禁我们自己买卖股票，以示公平。

那我们一般怎么投资呢？华尔街有一个“傻瓜投资法”，就是专门给我们设计的。不过我觉得大家也都可以参考，特别是繁忙的人士可能会对这个投资法感兴趣。

首先来了解下美国的各种指数。比如，标准普尔500指数(S&P 500 Index)指的是由标准普尔选出来的美国500家大公司股价所算出来的指数，是衡量美国大市的标杆。而且标准普尔500指数里的公司每年都做调整，以确保这一支标杆代表着美国公司的最佳状态。还有选择30家各个行业中最大最强公司的道琼斯指数，代表着美国2000家中型公司和3000家小型公司的Russul 2000和Russul 3000指数，专门投资高科技股的纳斯达克100指数QQQQ，代表交通行业的道琼斯交通平均指数DJTA等，就不一一列举了。这些指数都是由专业金融机构通过极其复杂严谨的研究过程而产生的。

而追寻这些指数的基金则被称为“指数基金”，这种基金用电脑软件控制，被动地对所持有的股票按指数的比例进行调整，这就是被动投资管理。因为是被动管理，这些基金成本特低，平均管理费只占0.2%左右，只有一般基金2%的不到1/10。

大伙儿千万别小瞧这1%、2%的差别，在前面你们已然领略过复利的神奇了，一两年问题差距还不大，30年后呢？你们自己算一下吧，那简直是天地之别啊！

另外，每年只须花 6 分钟时间打理，每隔半年花个 3 分钟看一下，要是大熊市来临，就暂时先将股市里的钱移到债市里“Park”（停留）片刻，待股市稳定后再移过来就行了。

别小瞧这个“傻瓜投资法”，这些指数的前 30 年平均增长是 10％～12％，而 90％以上的共同基金都达不到这样的回报，就是所谓跑不赢大盘。

07

高风险未必高回报

换一个角度理解投资的回报与风险，我们会发现投机与投资真正的区别：基于对价值增长的预期进行投资，往往立足长远，重视保本和稳定的受益；基于追涨炒价，以期短时间内获得巨大收益的投机行为，往往承担着更大的不可预期的风险。如此对比下来，高风险非但没有带来高回报，反而更有可能带来亏损。

风险越大，回报越高？

顾名思义，投资是具有高风险的行为。而投资者一般都认为高风险、高回报，低风险就只能获得低回报。事实果真如此吗？

举例来说。定期储蓄被认为是一种低风险、低回报的投资，因为当你把现金存进银行，获得的仅仅是低利率的回报（定期利息），不过，无论怎么说，你的投资是增值的，只是增值不多而已；而投资股票则被认为是高风险、高回报的行为，因为你进入股市的时候，并不知晓能有多少回报，但如果一切顺利的话，你会得到高回报（派息），但也可能颗粒无收，甚至“断腕割肉”。

比如一家新公司的股票价格为每股 1 美元，如果你只买了 1 股，随着时间的推移，当股价上涨到每股 25 美元的时候，你获利 24 美元。但假如相同的股票你购买了 1000 股（花费 1000 美元），你将获利 24000 美元。但同时这个风险就非常大了，因为如果这家公司破产了（可能性很大，每天都有很多家公司倒闭），你将会失去所有投资，虽然不可否认其值得投资的潜在回报高达 24000 美元。

为了躲避风险，获得更高的回报率，经纪商、理财顾问和股票销售员都会对你说："不要把鸡蛋放在同一个篮子里，应该在不同的基金里按适当的比例混合持有，你才能构建一个合理的投资组合。"

然而，环顾周围炒股的亲朋好友，甚少听见高风险、高回报的投资先例（内幕等违法交易除外）。

2007 年，我从纽约回到多伦多，临行前朋友们为我饯行。我的这帮哥们儿不是硕士就是博士，都在股市中扑腾了十几年，好几位还是华尔街"高手"。闲聊起来三句话不离本行，自然和股市投资有关。那晚，不知大伙儿是因我离去而感慨，还是喝高了酒后吐真言，一一承认这些年来几乎没有从股市中赚到过钱，其中最多的亏了 50％本金，少的也亏了 20％。

试想一下，我的这些朋友都是数理背景，一开始就相信股市中存在着一种模式，就像数理模型那样是科学的，并且行之有效。比如巴菲特价值投资理念的信奉者、基金经理老李侃侃而谈："无论市场价格如何，我不追高，只看基本面，在股票中寻找被低估的公司股票，分析研究这些股票的内在价值（intrinsic value），如 P/E值、分红率、派息和现金流等因素，然后购买市场价格低于其内在价值的股票。"

像老李这类"巴菲特型"的投资者，在 2000 年的高科技"繁荣"中，大多无法准确估算高科技股票的内在价值。因为这些公司在近 10 年的时间内，非但没有现金流，而且还在持续地"烧钱"（净负债）。所以他们大多避开了高科技股，选择投资保本微利的低风险"价值型"股票。结果，当高科技股泡沫破灭之后，他们都暗暗庆幸自己避开了风险。“价值型”投资者获得了回报并不是因为他们承担了风险，恰恰是因为他们选择了不承担风险。

而朋友老周是心理学博士，他对股市投资自创了一套理论依据，自忖入市前一定会全方位地研究社会、政治、经济再加上心理学，从人的心理行为总结、判断投资市场。他认为：“判断市场形势最重要，我在不同的行业里寻找机会，见涨就追，一旦形势逆转马上开溜，多年下来，是输少赢多，在亲友中有‘小股神’之称。”

像老周这样的投资者属于“增长型”，他们看重快速发展型公司。尽管这类公司的股价已经很高，但他们依然希望股票翻番，拼命追捧那些昂贵的“潜力股”，以求短线操作，赚了钱开溜。结果怎样？老周在高科技泡沫破灭后损失惨重，本金亏了50%，追悔莫及。

债券是当下最佳金融投资品

越来越多的网友抱怨，钱存在银行随着通胀不断贬值，股市又不稳定，散户在股市中一赚二平七亏，熊市远远地长过牛市。也就是说，90%以上的散户在股市赚不到钱，财富无法在股市中保值，房价又早已高处不胜寒，黄金也不是保值的投资品（详见本书1.5节），汇市和大宗商品市场陷阱更多，那么普通百姓该如何投资才能抵御通胀呢？

首先，我们不妨来看一下金融市场的形成。其实，金融市场就是由于一些人愿意牺牲当下的消费而储蓄，使金融机构能够利用储蓄，直接提供资金给另一些借贷者所形成的。而借贷者愿意为此付出利息，或者愿意与投机的金融机构分享获利。

于是在我们的经济活动中，形成了最重要的两个金融市场，前者是债券市场，后者就是股票市场。

债券(Bond)是一种可以使投资者定期获得利息(Coupon)、到期收回本金及利息的证书。发债人须于债券到期日前按期支付早前承诺的利息，并在到期日用指定价格向债券持有人赎回债券(即归还本金)。根据发行方不同，债券可分为政府债券、金融债券以及公司债券。投资者购入债券，就好比借钱给政府、大企业或其他债券发行机构。

这三者之中，政府债券因为有政府税收作为保障，因而风险最小，但收益一般而言也最少；公司债券风险最大，可能获得的收益也最多。债券持有者称为债权人(Creditors)，发行者为债务人(Debtors)。债券与银行信贷不同的是，债券是一种直接的债务关系。银行信贷则必须通过存款人—银行，银行—贷款人形成间接的债务关系。债券不论何种形式，大都可以在市场上进行买卖，并因此形成了债券市场。

实际上，全球债券市场的规模比股市至少要大3倍，美国的债券市场规模超过股市规模4倍。根据国际清算银行(BIS)的统计，截至2009年，全球债券市场的规模约为82.2万亿美元，其中美国占31.2万亿美元。一般认为，随着时间的推移，持有股票比持有债券回报高，其算法很简单：如果你买入1万美元债券，假设利率为6%，每年能收到600美元。而股票的计算相对来说比较复杂：假设一只股票售价为100美元，收益率为2%或每股支付2美元股息，拥有100股，总股息为200美元，比债券低。而两者的最大区别在于，如果股息随着利润增长而增加，假设每年以5%的速度增长，30年后每年的红利将超过800美元，比债券收益率要高出1/3，这还不包括股票价格本身的涨跌。

然而,由于股票风险巨大,市场上的大量风险导致投资者必然要求以高收益来补偿持有股票所带来的高风险,因此一定程度的股权溢价是正常的市场现象。但是大量针对不同时期与地区的实证研究表明,股权溢价程度远远超出了标准经济学模型所能解释的范围,这一现象被称为"股权溢价之谜"。

这些年,金融市场的泡沫一个接着一个,其主要原因之一就是百姓被所谓的高通胀吓坏了,以为购买任何一种商品都比手上留着现金要保值。但事实却是,等到泡沫破灭,发现投资结果适得其反,导致财富缩水!

所以,建议国内金融机构不妨借鉴美国的经验,推出一些防通胀(inflation protected)的金融产品,也就是确保每年的回报率超过 CPI(居民消费价格指数),相信能缓解民众财富被通胀稀释的速度。

比如,美国财政部发行的通胀保护证券(Inflation Protected Securities,通常简称为 TIPS)就是确保其回报超过 CPI 的一种债券。在美国,金融机构有许多这样的资金债券提供给投资者,以保护他们的财产免受通胀的侵蚀,也可避免投资者病急乱投医,把钱投入泡沫资产。

中国的货币制度正在发生革命性的变化,伴随着债券市场的发展,以信贷为主的货币调控方式正逐步转向公开市场操作。建议政府多发行具有吸引力的债券,辅助、发展和扩大债券市场,让老百姓的财富积蓄有投资的去处。

目前,鉴于全球经济非但尚未全面真正复苏,甚至反倒正处于下一次大衰退的前夜,且多数金融产品都充满了泡沫,对于中国普通百姓来说,债券是财富证券化的最佳形式!当下最好的投资手段,依然如我曾经建议的:"现金为王,不投资是最好的投资。最好买些固定收益产品,如凭证式债券,或至少保本的金融产品,以最大限度地避免资产严重缩水。”

不过，金融市场几乎不存在一定能抵御通胀的金融产品，要是有的话，从逻辑上来分析就没有通胀了。而投资大脑和健康才是真正最好的投资，把自己变成一个不断增值的“产品”，才有可能抵御通胀。这倒不是什么心灵鸡汤，而是句大实话。如果非要让我推荐一个金融产品的话，那就只能非债券莫属了。

08

别被“供求关系”忽悠

每一个泡沫迟早都要破灭——这是金融历史上一条颠扑不灭的真理。延伸下去，看跌者迟早都要多于看涨者，贪婪迟早都要转向恐惧。

越值钱的东西越容易产生泡沫

近几年黄金、白银价格上下起伏、大涨大跌，也引发了微博热议，好些网友不解：“不是说黄金最值钱吗？黄金能保卫财富吗？黄金又不是股票，怎么也会大跌呢？”更有位网友在我的微博下留言：“最近我买黄金被套住了，亏了40万元，怎么办啊？！”当时的金价比最高位时只不过跌去6%～7%，如果这位网友在最高位买入，不是用保证金账户，不借助杠杆来炒，亏了40万元的话，推算下来他的投入大约是600万元，可谓大手笔啊！损失如此巨大，我感到非常遗憾。

对于这些问题，我极想做出合理的解答。

按照人们一般的认知，黄金很稀有贵重，全世界所有黄金放在一块儿，也只能装满一个奥林匹克比赛用的游泳池。但是我们也要知道，自从脱离了金本位，黄金就降为普通商品了，即使再贵重也只是商品，而任何商品都有一定的合理价位，一旦进入市场，黄金的价格就将根据“供求关系”来确定。

请注意，这里的“求”是指“刚需”的“求”，不包括炒作投机的“求”，炒作投机之“求”所带来的，正是合理价位之上的泡沫。

也就是说，再值钱的商品也要看你在哪个价位买入，在合理价位买入才会物超所值，起到保值增值的作用。而一旦以超越了合理价位的价格买入，你便进入了一场击鼓传花，即投机炒作的零和游戏之中。只要没人接你的棒，你就成了最后的那个“傻瓜”，你所投入的钱，就落入了他人的腰包，也就是所谓你被“套牢了”——亏钱的委婉说法。

大家只要稍加留意，就会经常听人念叨：某人几年前买入黄金，现在财富翻了几倍；某人几年前在北京、上海买了几套房子，现在已是千万富翁了。

没错儿！这些恐怕都是事实，而且发财的故事总会被人津津乐道。但问题在于千金难买早知道，类似的话也可以倒过来说。譬如20世纪末，在“.com”潮流（指20世纪90年代后期互联网行业的泡沫式繁荣）疯狂的时候，纳斯达克曾高达5000多点，但在此后的10年间，随着互联网泡沫的破灭，纳斯达克曾一路跌到1000多点。试想那些在高位时入场的投资者，恐怕一辈子都会为自己当时的决定而后悔。

更极端的是日本股市，从1990年的4万多点一路下跌至十几年前的7000多点，这几年依然在万点上下波动，再要爬上4万点，不知要等到哪年哪月。投机房市也一样，美国房市从2006年7月开始持续下跌，预测将跌回1998年甚至1996年的价位，要想回到2006年时的价位，且先等着吧；日本东京的房价从最高点一直到跌去90%，等解套也可能是下辈子的事了。

中国的A股也一样，谁要是在最高的6000多点时进入，何时能“解套”同样难说。就连曾鼓吹A股会突破万点、“打死都不卖”A股的那位华尔街大鳄，前些日子也发出了将那些股票"留给孩子吧"的感叹……

其实从上面所谈的故事中正好可以看出，如果你不幸是后面那些故事中的一个倒霉蛋——在最高点买入，到撑不住时抛出，那么你亏损的钱恰恰就进入了前面那些故事中低买高抛之人的腰包了。

泡沫比通胀更可怕

再来深入分析黄金、白银下跌的缘由。

这次金融危机以来，全球各国实行了一轮又一轮救市政策，放出了天量的资金，通过华尔街所用的金融化，即证券化或期货，尤其在全球对冲基金的推波助澜下，借助于一个又一个传奇的故事，把黄金、白银、石油，以及全球各种大宗商品的价格推向一个又一个新高。也是之前提到的炒作投机之"求"，使资产价格脱离了合理价位而出现泡沫。很显然，天量资金通过杠杆，令金、银等贵金属产生了天量的泡沫。

然而，只要市场发生哪怕一点微妙的变化，如交易所的去杠杆化，市场就会立刻做出反应，认为资源类商品泡沫过大，像索罗斯那样敏感的金融大鳄就会做空。也就是说，只要一点火星，便会导致资源类商品泡沫的破灭。有史为鉴，是泡沫就终归要破。通常情况下，泡沫从哪儿被吹起，最终就该回落到哪儿，这是无法改变的现实。

谈到这儿，不妨借用巴菲特的名言："在别人贪婪时，你要恐惧。"意思很简单，一旦经过理性的分析，了解到哪些热点出现了泡沫，就千万别去凑热闹。大家都怕现金会贬值，但如果一不留神在高位买入“泡沫商品”，那就不是贬值的问题了。

这会儿，相信“被套牢了”的网友应该明白了，他（她）解套的那天，其实就是下一个“傻瓜”接棒的那一天。再回到网友提问的原点，黄金的确珍贵，人人都爱，但也要看你在哪个价位买入了。举个极端的例子，你会花1万美元买1盎司黄金吗？如果那样的话，美元早就崩溃了，到那个时候，已经不是买不买黄金的问题了。想象一下美元崩溃后将会发生什么事吧……

第三部分
独立思考

09

专家的话要怎么听

财经媒体上99%以上“无偿”发声的财经专家、金融专家都是机构的代表，其基本的作用就是忽悠普通百姓进场，不然的话，华尔街一线投行每年平均每人50万美元以上的奖金从何而来?

分析师必修课：学会说假话

数以万计的华尔街金融分析师，本该凭借自身的知识和智慧，对拥有相当控制权的上市公司做出独立的评价和分析，增加透明度，让局外人看清真相，切实起到监督和平衡利益的作用，可事实却恰恰相反……

“Revenue is nothing，Profit margin is everything！”(营业额不算什么，利润率才是一切！)这是华尔街金融分析师的口头禅。在华尔街，金牌金融分析师位高权重，往往他们建议“买入”一只股票时，股价便会奇迹般地上涨；而当建议“卖出”一只股票时，股价便鬼使神差地下跌，似乎只要他们动动嘴皮子便有大把美元落袋，年薪成百上千万不在话下。

然而事实上，金牌分析师的烦恼也是旁人所无法体会的，尤其是金牌分析师手下的团队成员，有时为了找出某个行业的数据，比如次贷危机将给金融业带来亏损的金额，可能连续几周都要在办公室工作到半夜。

他们的工作艰巨繁复，必须每天带着上司配发的“黑莓”(BlackBerry)手机，像妇产科大夫那样24小时随时待命；整天埋头在成堆的文件数据中做收入分析、现金流量评估和研究资产负债表；还得为更大牌的分析师至少提供三份报告，以便那些“大师”对投资者发布“买入”“卖出”和“持有”等建议。真是“干得比驴累，吃得比猪差，起得比鸡早！”

而金牌分析大师的烦恼往往是必须学会说假话。如今华尔街上有成千上万位的金融分析师，其中5%左右在追踪研究金融业，他们所监督涉及的美国企业的总市值超过15万亿美元。分析师本应作为金融系统的巡查员，认真研读企业的财务状况，并告诉投资者正在发生的市场的真相。

但是在过去的几十年中，由于受到市场大盘走势、竞争环境和每个公司各自问题的影响，股票上涨下跌起伏不定，使得买入与卖出评级的比例严重失衡，达到了前所未有的水平。从理论上来说，这个比例基本上应该是一半一半。然而，在20世纪90年代后期，买入与卖出评级之比是100：1，甚至更高。有些分析师唯恐给他们所在的机构添麻烦，唯恐疏远了他们研究的公司或是惹怒了自己的上司，不得不做出违心的推荐。

我曾经的同事伊凡就是一位金融分析师。他曾接到为一家保健产品公司做股票评级的任务。他看了那家公司的财报，其营业额一栏很漂亮，这倒不奇怪，因为公司本身是全北美声名显赫的大公司，不过一看利润却不怎么样，股价当然就上不去。这家公司便给出巨资，请伊凡的公司做出“强力买入”的评估。

伊凡接到任务后研究了多份关于这家公司的分析调查报告，发现这家公司为了降低成本，越来越多地使用具有化学成分的胶囊，而这类胶囊不但让胶囊内的营养成分无法释放起效，连胶囊自身也很难被消化，甚至积聚在消化道形成胶囊残渣球。通过进一步研究，伊凡更发现，其实那些保健产品中的营养成分也很难被人体真正吸收。

伊凡认为天下没有不透风的墙，那些分析报道一旦被媒体披露，公司的营业额肯定不会大幅增加，利润自然也不会有什么突破。于是，他给了“卖出”的建议，结果被顶头上司大骂一通：“客户是上帝，还想不想干了！”

分析师几乎从来不会给出“卖出”的建议，更别说“强力卖出”具体哪家公司的股票，因为这会搞砸与这些公司的关系，其后果是，分析师所在的券商可能将得不到这些公司的债券发行、股票交易、收购、回购等业务。如果说“卖出”这个词的次数太多的话，你的老板就很可能要请你走人了。

后来，伊凡真的被老板赶走了，请看下文。

券商研报：先有结论，后有数据？

有一家牛奶公司的财报营业额一栏很漂亮，这倒不奇怪，因为它是全北美第三大牛奶经销公司，但利润却不怎么样，股价当然上不去。这家牛奶经销公司便出巨资，请伊凡的公司做出“强力买入”的评估。

伊凡接到任务后研究了几份最新的科研报告，发现东方人，特别是东方成年人根本不适合喝牛奶，因为东方人体内的基因无法吸收牛奶中的营养成分；更由于现在的奶牛普遍使用化学饲料，所以东方人喝牛奶会过敏。许多亚裔移民北美后，时常呈现“痛哭流涕”状，而妇女长年饮用牛奶甚至可能增加患乳腺癌的风险；即使是西方人，也多半营养过剩，喝牛奶对增强体质也没多大作用。

由于伊凡是个虔诚的佛教徒，一戒杀生，二不能打诳语，这回触到了他的底线，无论上司怎样逼他，他硬是不写“买入”的报告。结局呢？当然是下岗走人，重操电脑工程师的老本行。

像伊凡这样“良心和灵魂未被腐蚀”的证券分析师少之又少，这也是他在业内混不下去的原因。因为得罪了客户，以后佣金就别想了。那么上市公司呢？和券商更是有千丝万缕的利益关系，某些上市公司甚至是券商的大股东，怎么可能做得罪“主子”的事情？

大型投资银行和券商时常发布上市公司调研报告，并对股票给出“买入”“持有”和“卖出”等操作建议。这些专业人士为何如此“热心”？他们是真心诚意帮助股民赚钱吗？

只需考虑一个问题便可获知答案：作为股民，您给过分析师一分钱吗？依据公开调研报告进行操作，十之八九横遭亏损，这是稍有经验的散户都明白的道理。随手即可获得的信息，价值为零。

那么问题来了，为什么证券分析师每天还要乐此不疲地发布这些“免费报告”？难道他们也在免费为券商打工？

许多人以为，证券分析师的工作性质，无外乎就是实地考察外加数据分析，和其他行业研究员（如地质勘探员）的薪资差距应该不会太大。但事实是：华尔街注册金融分析师（CFA，Chartered Financial Analyst）在“年景好”的时候，可轻松拿到百万美元年薪。这样的高薪在全球都非常普遍。是什么让证券研究的工作如此价值连城？难道研究上市公司就真的比研究地质与电脑需要更高的智商吗？

证券分析的奇特之处在于：越是客观全面的报告，价值越低，尽管为了获得相关数据你必须费尽心血；在这一行成功的关键并不在于是否恪尽职守，而是搞清楚谁在给你发钱。不能先有数据，再有结果，而是为了得出“客户”需要的结果，必须想方设法准备数据……

忘记那些无聊的主营收入、利润率、市盈率和资产负债表吧，所有这些只不过是粉饰。你若真想让股价上涨或下跌，总能挑出一两项称心如意的。在这个游戏里，除了市值，什么都是浮云……

索罗斯的话可以听吗?

每当一些国际投行、金融大鳄们发表“高论”，明确看多或看空时，正是金融市场风云动荡之时，也恰是投机大鳄如鱼得水、上下其手之际。而作为普通的大众投资者，更应格外谨慎小心，特别对投机市场要敬而远之，应该紧跟投资大师的步伐，而非投机大鳄的脚步。

因为但凡只能依靠价差才能获利的，都是投机品，比如黄金、外汇、不分红股票，以及比特币等，这些只是财富再分配的“零和游戏”；而真正分红的股票、Coupon 债券、买房出租（租金回报超过银行利息），以及创业、投资股权和投资大脑等，对社会整体而言是不断产生新的财富，给自身也不断带来投资回报，这些才是真正的投资行为。

此外，普通大众得到的信息往往是滞后的，且极不对称，甚至是投机大鳄利用媒体刻意扭曲的，因此在投机市场中，由于不创造新的财富，投机大鳄所赚的钱，就和打麻将一样，恰恰是普通大众所投入的钱，再扣去交易平台的佣金等成本。散户们在投机市场中只是参与“负和游戏”而已，输钱是一定的。

就拿2016年6月索罗斯重出江湖盯上黄金为例。2016年6月15日，美联储向市场发出强烈信号，预测年内可能加息两次，至少也有一次，而当时市场预测，年内加息一次的概率甚至不到50%。就在美联储宣布加息的信号后，美国股市连续五天下跌，亚洲股市也紧跟其后普遍下挫，尤其日本股市跌势惨重，日经225指数失守15500的关键点。与此同时，金融大鳄乔治·索罗斯却加入了斯坦·德鲁肯·米勒(Stan Drucken Miller)和雷·达利欧(Ray Dalio)这些巨富的行列，“做空”标准普尔500(SPY)，以及购买黄金和金矿。而且索罗斯通过看跌期权，加倍下注“做空”标准普尔500指数。

前文讲过，自从废除金本位，特别是在1971年黄金与美元脱钩后，黄金就失去了其货币属性，渐渐变为一种贵金属了。但由于人类对黄金的特殊情结，黄金依然被华尔街用来当成最佳的金融炒作工具，更由于黄金本身并不带来投资回报，且储存黄金还需支付保管费、交易费等，所以只能依靠买卖的差价来牟利。如果长期关注金价的上下起伏，便可得出结论：自1971年以来的40多年里，黄金熊市长达近30年，占了差不多四分之三的时间。这和其他那些投机市场特点一样，由于不创造新的财富，必然牛短熊长！那为啥索罗斯要不断宣称看涨？诱多呗，勾引老百姓击鼓传花啊，否则他怎么逼空屠杀啊！

我们复盘来看，当时索罗斯唱多黄金之后，国际金价很快站上1350美元/盎司大关，最高站上1370美元/盎司，但好景不长，随后便进入漫漫熊途，至2016年年底跌至1220美元/盎司附近。当时听了索罗斯“忽悠”跟风买进黄金的投资者，恐怕没有那么容易在高位及时止盈走人。

因此，对于普通大众而言，要“与投资大师同向，跟投机大鳄反向”。即使在熊市中，投机大鳄也时常会发出“诱多”的信息，忽悠普通大众投入接棒。

反之，对于索罗斯所看空的美国股市，即使是知名经济学家和基金经理，他们预测经济或市场上涨下跌的结果一般也都不那么准确，可总有人试图预测下一次股市的所谓腾飞或崩盘。事实上，有史可鉴，他们的预测，10 次里大概只有 1 次是猜对的。因为相对而言，股市这一投资市场是非常“有效”的，并且具有前瞻性，市场往往已经消化了可能对股市产生冲击的主要因素，如美联储未来的加息。

经济是两害相权取其轻的学问。美联储如果再不加息，其退休金系统将破产，信用系统将崩溃，那是不堪设想的，同时随着油价、房价等的回升，通胀已接近 2%（美联储必须加息的极限），已经过了罢工期，以及失业率将继续下跌等原因，可以想见加息是大概率事件。也就是说，在当时复杂的市场环境中，美联储加息或美元升值，抑或中国经济放缓等，这些大都已经反映在投资市场的价格之中了。

同样是索罗斯，在 2016 年 6 月英国公投期间，在这场脱欧大戏中再一次赚得盆满钵满。在英国脱欧公投之前，由于索罗斯一直赞同欧盟的理念，提倡全球经济协作，再加上业界预期英国脱欧的可能性不大，索罗斯对外称做多英镑。如果这次你跟着索罗斯混，去做多英镑，那你就真输惨了：脱欧派在英国公投中胜出，英镑一泻千里，创下近 30 年新低。

但你去看索罗斯，人家不仅在这次脱欧中毫发无损，还大赚一笔。因为看空全球市场，他通过做空欧盟老大德国进行了风险对冲。索罗斯多精明啊，他留了后手：一边说看多英镑，一边反手做空了德意志银行。这家银行的重要业务来源即是英国。

索罗斯在这次脱欧中做空了德意志银行700万股，相当于德银在外发行股票的0.51%。这还不算，索罗斯在看空全球经济的同时还做多黄金，又在金价上涨时大捞了一笔。

索罗斯一生就干一件事，那就是通过做空，“踩着别人的尸体”行乐。无论是1992年做空英镑，还是1997年狙击港元，以及现在重仓黄金，索罗斯玩的都是吃差价的零和游戏。而真正分红的股票、债券，这一类对社会不断产生财富的投资，索罗斯都兴趣不大。

索罗斯不是乌鸦嘴，他已经将投机变成了一种艺术。虽然他导演的零和游戏看着热闹，但只要老百姓一冲动跟进去，那你就输了，因为你看到的只是投机者远去的背影，你永远跟不上他们做局的步伐。只有远离投机，才不用担心逼空。

所以，对于普通大众而言，必须分清投资市场和投机市场的差异，以及投资行为和投机行为的不同，尽量多投资，少投机，甚至不投机。既不被“诱多”，也不惧“逼空”，才能做到“宠辱不惊，看庭前花开花落；去留无意，望天外云卷云舒”，才能做到不被金融大鳄忽悠！

揭开高盛们的虚伪面具

国际炒家操纵黄金的背后，和曾经的几次操纵金价事件一样，摇曳着高盛的影子。

2016年4月，高盛集团首席商品交易员杰夫·库里(Jeff Currie)在接受CNBC

《巨头午餐会》(Power Lunch)节目采访时表示:“做空黄金!出售黄金!”库里的建议是对“你建议投资哪些大宗商品来帮助我们的观众赚些钱”这个问题的回应。和三年前一样,在极度看空黄金后,高盛又做出停止看空的最新表态,一进一退,一唱一和,布局放线,放声收线,高盛的表演可谓精彩,节拍踏得可谓漂亮。如果你掌握了看懂财经新闻的原则——不被“专家”忽悠,你就会明白高盛的杰夫·库里为什么会做出如此的投资建议了。让我们从历史事件中来具体看看高盛是怎么打如意算盘的。

你是否还记得几年前“海普瑞让高盛豪赚33亿元”的新闻?这只高调上市的天价股见光后便一泻千里,让深套其中的3万多股民和几十家基金血肉横飞。高盛再一次延续了在中国投资稳赚不赔的神话。可有没有人想过,它是怎么做到的?

还记得2006年到2007年两年间让许多中国股民大栽跟头的西部矿业吗?在高盛“西部矿业大蓝筹”的极力吹嘘下,西部矿业股价最高曾达68.5元。然而高盛一边唱多,一边悄悄分批套现。西部矿业上市后业绩开始大变脸,可跟风的散户已纷纷进场。就这样,高盛以屡试不爽的招数,以每股成本仅0.34元的超低价套现70多亿元,欢喜离场。此外,还有高盛偷偷摸摸通过境外机构减持双汇发展事件,真是往事不堪回首。

1869年成立的高盛公司已经在资本市场中跌爬滚打了一个半世纪,在赚钱这档子事儿上早已成精。而它在赚钱过程中使用的一些不道德的手段也开始慢慢暴露。

继2010年SEC对高盛欺诈案展开调查后,英国、德国和法国等也纷纷表示要介入对高盛的调查。2016年4月12日,美国司法部宣布高盛集团同意支付50.6

亿美元罚款,以了结有关其在金融危机期间误导抵押债券投资者的指控。

高盛在欧美可谓麻烦不断、声名日下,可在中国,高盛却依然享受着超国民的待遇。不少投资者依然坚定不移地紧跟华尔街大投行的步伐,大把大把地“奉献”着自己辛苦赚来的银子。

大多数散户也许从来没想过,“政商通吃”的高盛并非单纯的市场机构,而是特殊利益参与者。事实上,在当今世界,金融市场应当遵循的诚信品质早已荡然无存。华尔街公司为了获得自己的利润和奖金,可以说是用尽了各种灰色手段。对此,他们不但丝毫没有罪恶感,反而还引以为豪。

在次贷危机中倒闭的华尔街投行雷曼兄弟,在遭遇清算的过程中,竟被发现其公司账上有 1 亿美元。清算公司发问了,你不是倒闭了吗?怎么账上还有 1 亿美元?雷曼说,这是今年年底派发奖金的钱。奇怪,你连公司都保不住了,哪儿来的钱发奖金,居然还有 1 亿美元?雷曼的回答很是傲慢:我们华尔街就是这样,1 亿美元奖金雷打不动,而且至少得 1 亿美元;要不是碰上我倒闭,奖金就可能是几十亿美元、上百亿美元!雷曼不屑说出口的话是:奖金没有上百亿美元,不如买块豆腐撞死得了。

而在 2008 年金融危机中死里逃生的高盛集团,每年发放奖金更是高达一两百亿美元。曾有国会议员质疑高盛 CEO,你凭什么拿这么多奖金?CEO 布莱克·费恩振振有词地辩解:我们干的可是上帝的活儿。言下之意,因为干着“神圣”的工作,所以拿着“至高无上”的奖金是理所当然的。

不妨来看一看,金融大鳄高盛究竟干了些什么样的“上帝的活儿”。高盛 2009 年头 3 个月的利润来源分为四类:金融咨询 3.25 亿美元;股票销售 3.63 亿美元;

债券销售2.11亿美元;交易和资产投资100亿美元。请留意最后那100亿美元,这可比华尔街传统业务总共创造的几亿美元利润要多得多,其中也包括搜刮中资银行得来的利润。然而,自金融危机以来,高盛通过四个渠道从纳税人口袋里得到问题资产救助计划(简称TARP)100亿美元,美联储110亿美元,美国联邦存款保险公司300亿美元,美国国际集团130亿美元。高盛在危机的最高点获得了640亿美元救助资金,并再一次利用20到30倍的高杠杆,借到2万亿美元资金,一跃成为当时最有钱的银行。然后高盛利用这些钱,在股票市场崩溃和各类资产最低价时大量购进。随后那些资产在美联储和财政部以"营救金融体系和国民经济"之名义投入23.7万亿美元的资金之后,重新膨胀。高盛用纳税人的钱,在最低价时购进资产创下盈利纪录,而纳税人却没有得到任何利益。这就是所谓"上帝的活儿"。他们将所赚利润的一半——210多亿美元,脸不变色心不跳地放进了自己的口袋。

诺贝尔经济学家怎样理财?

2010年度诺贝尔经济学奖得主莫滕森在华访问期间,当被人问及他个人如何理财,在投资方面有何心得时坦言:"实际上我不适合理财,虽然我是经济方面的专家,但是我更多关注于劳动市场。我的资产组合需要依靠其他的金融学专家来帮忙。"他在笑称自己没有这方面能力的同时,还保持着对市场和未来的敬畏:"如果我们能够预测的话,就不会有危机了。"

其实多数诺贝尔经济学奖得主也是这个理财水平。

1993年诺贝尔经济学奖得主是道格拉斯·诺思与罗伯特·佛格尔,两人用自己的经济学知识判断当时道琼斯指数3700点太高了，不适合买股票，所以他们用奖金买了市政免税债券。1993年是什么时候？是海湾战争之前美国小熊市结束之后，又一个大牛市的初期。这两人的水平太臭了，不仅方向判断错误，在资产的配置上也犯了大忌：满仓单一投资品种。后来道琼斯指数上升到11300点时，记者问诺思有何感想，诺思显得有点怅然，愤然说出这么一句话来："经济学家对股市完全无知！"

1999年诺贝尔经济学奖得主罗伯特·蒙代尔拿到当年近100万美元的奖金后，先修缮了一下自己在意大利图斯查尼的豪宅，再为自己两岁多的儿子尼古拉斯买了一匹矮种马，最后把剩下的钱都存入银行。不过，蒙代尔是把剩下的钱以欧元存入银行的，之所以兑换成欧元，是因为这位"欧元之父"长期看好欧元。10年后，蒙代尔是赚是赔呢？蒙代尔曾经很认真地回答过媒体的这个提问，他说："我得到奖金后，将它们兑换成了欧元，那是在2000年9月。开始亏了些钱，不过后来欧元回升又赚了一些，所以总的来说应该算不赚不亏。"

1998年，全球最大的对冲基金之一——长期资本基金濒临破产，如果不是美联储介入干预，这家资产超过1000亿美元的对冲基金可能引爆美国金融危机。长期资本基金的创始人中，便有两位1997年诺贝尔经济学奖得主，即期权定价理论的提出者迈农·斯科尔斯和罗伯特·默顿。

1994年诺贝尔经济学奖得主莱茵哈德·泽尔腾在2008年访问中国时坦言："我也持有股票，现在全卖出去的话会输掉一半！"当记者问到有关个人投资的问题时，泽尔腾很坦然地表示自己也是一名普通的投资者，自己持有的股票同样被套。不过，泽尔腾称并不着急，他表示自己不是短期投资者，长期持有总会获利。他同时建议大家去选择那些低价位、高分红的股票。这位当时79岁的老头心态倒是很好，只是似乎不懂得根据趋势止损。世界上所有的大幅下跌令投资者亏惨的股票，除非一天下跌90%，或因跌停板机制连续跌停，否则基本上都会出现长期均线拐头向下的走势，因此如果懂得止损的话，基本上不可能在一只股票上浮亏50%，亏20%都很难。

科斯获1991年获诺贝尔经济学奖时，税后奖金约70万美元，他将其全部交给美林证券公司代为投资，2004年其投资账户上已有240万美元。他最明智的做法就是，知道自己不行，就将钱交给比自己行的人打理，而不是瞎玩。这是值得九成以上的中国股市消费者们学习的榜样。

10

传媒报道可信吗？

在商业社会，没有人会白白送你东西，信息也是一样。商业社会中的大众头脑始终处于受控状态，在投资领域尤为如此。既然媒体可以影响公众行为，那么只要控制了媒体，就相当于掌控了掠夺公众财富的钥匙，甚至能让这些愚钝的头脑在不知不觉地被骗后，还要帮忙数钱。

他们告诉你该买哪只股票，目的是让你最后割肉出局；他们让你贷款买房，目的是让你债务缠身；他们告诉你所有经济数据都运行良好，背后却在乞求上帝不要让你得知真相。

亏钱，可能只因我们丧失了思想，让别人代替自己做出了太多的决定。

传媒垄断时代

这是一个彻头彻尾的商业时代。今天，我们在一年内有意无意所见到的广告数量，比 50 年前的人们终其一生见过的还要多。每年有超过 5 万个商业电视节目播出，每天可以目睹 1000～2000 张广告图像，全球企业的所有广告数量加在一起，超过了 6200 亿……

无论您是经意还是不经意，在潜移默化间，我们的大脑都已有相当一部分容量被这些垃圾信息所占据。最重要的是，我们的头脑也受到了影响，只会按照被某些人预先设计好的思路去思考。我们被告知应该喜欢什么、做什么，或者去期待什么。

当多数人每天都去阅读同一份报纸，并养成习惯的时候，这份报纸一定会充满用于“洗脑”的广告。就和牙膏厂商想要卖出更多牙膏，就必须夸夸其谈地说一堆关于牙膏的好话那样，财经板块上也会充满各种关于股票的溢美之词。

可奇怪的是，投资者对商业广告经常抱有警惕之心，对股票广告却深信不疑，甚至将其作为操作依据；观看商业广告是“浪费时间”，但阅读财经广告却被认为是“努力学习”；人们相信报纸之所以登载牙膏广告，一定是因为牙膏厂商付了钱，想把更多牙膏卖给你，可是当他们读到财经板块的“今日股市”时，却不明白那些股票之所以被推荐，同样也是因为有人想把股票抛售给你，他们也同样支付了广告费。

在商业社会，没有人会白白送你东西，信息也是一样。商业社会中的大众头脑始终处于受控状态，在投资领域尤为如此。既然媒体可以影响公众行为，那么只要控制了媒体，就相当于掌控了掠夺公众财富的钥匙，甚至能让这些愚钝的头脑在不知不觉地被骗后，还要帮忙数钱。

因此，控制愚钝大脑的关键在于媒体垄断！在最近的10年里，电视新闻节目正以现代传媒史上前所未有的规模进行大整合，大企业与大政府相互勾结，逐渐对他们不喜欢的内容进行“消音”。

在美国，20来家产业巨头在为公众洗脑方面不遗余力。据统计，1983年，美国的主流媒体被大约50家大企业所掌控。当时本·巴格迪肯(Ben Bagdikian)写了一本重要著作——《媒体垄断》(*The Media Monopoly*)，首次对此发出了预警。

到了1992年，《媒体垄断》已发行第四版，巴格迪肯指出：“20来家巨头控制了全美90%的传媒。”——几乎全美所有的报纸杂志、电视台与广播电台、出版公司、唱片和电影、发行公司、通讯社都在这个被垄断的队伍当中。他在书中预测这个数字还会继续下降，最终将达到不到6家，当时他的这种观点被不少人嗤之以鼻。

可是，当《媒体垄断》在2000年出到第六版时——这个数字果然降到了6——自那之后，公司合并的风潮便一发不可收，甚至还延伸到了互联网领域。现在，美国每 4 个因特网用户中就有一个会登陆美国在线时代华纳(二者于 2000 年合并)这家全美最大的传媒集团。

2004 年,巴格迪肯在新版的《媒体垄断》中再次指出,传媒业巨头将仅剩 5 家——时代华纳、迪士尼、默多克新闻集团、德国贝塔斯曼集团(Bertelsmann of Germany)、Viacom(其前身是哥伦比亚广播公司)。

由此可见,只要控制了这些传媒,就足以控制 90%的公众头脑。他们告诉你该买哪只股票,目的是让你最后割肉出局;他们让你贷款买房,目的是让你债务缠身;他们告诉你所有经济数据都运行良好,背后却在乞求上帝不要让你得知真相。

媒体垄断几乎发生在任何国家。经过长期、反复的“信息轰炸”,多数人会逐渐形成思维定式,即所谓的“大众共识”(mass consensus)。假如一个投资门外汉向人打听怎样开始学习赚钱,那么他得到的回答多半会是:“请阅读《华尔街日报》《纽约时报》,收看 CNBC、FOX 财经频道。”

而事实上,很多时候我们判断事物只需回归常识,即可做出正确的选择。比如在美国的新闻报道,尤其是“突发性爆炸新闻”中,不是杀人放火就是偷盗,那么如何来判断嫌疑人是否有罪呢?按照美国的司法程序,这得由陪审员来断定。

在美国,每一个公民都有做陪审员的责任。一般来说,有两类人是选不上的:一类是高学历的所谓“精英人才”,包括博士、专家和教授;另一类尤其重要,不能和嫌犯扯上任何关系。

第二类人选不上可以理解,为何高学历的精英也不能当选陪审员?这就是英国制定 Common Law(习惯法)的基本原则,陪审员只要有常识(common sense)即可。因为专家、学者和教授的知识结构复杂,思辨能力太强,所以在面对现实问题时难免做出与常人认知相悖的判断。

因此在当今“信息轰炸”的时代，对付传媒垄断和弄清财经新闻背后的真相，其实和甄选陪审员的道理一样，首先是用常识去判断，其“核心”就是去繁存简，返璞归真。

这里可以借用沃伦·巴菲特的名言：“在其他任何领域，专业人员的水平都要高于门外汉，但在金钱管理上往往并非如此。”这些年来，好些金融专业人员失去了常识，被自己设计的游戏规则弄得晕头转向，人为造成的金融危机一个紧接一个，其中不乏盲从的大众因缺乏金融常识，希望通过投机一夜致富，结果白白地做了金融大鳄的“殉葬品”。

财经新闻背后的故事

在股票市场上，活跃于主流媒体的股票分析师一直不遗余力地“帮助”人们研判经济形势。然而他们的分析似乎并不十分可靠。无论是在美国华尔街，还是在伦敦金融城，抑或是在中国如火如荼的 A 股市场，媒体永远传播着“牛市言论”。

他们试图让公众相信，市场要么仍在牛市中，要么已至熊市末期，除此之外再无其他可能。因此，大家总是有机会顺应上涨趋势赚钱，而且有机会捞取一大堆廉价“抄底”的筹码。总之，市场永远向好，任何时候买进投资机构抛售的东西都是对的。

这份乐观不难理解，因为所有的广告都只会做正面宣传。媒体有时也会“善意”提醒投资者要“注意风险”，但是这就如同烟盒上写着“吸烟有害健康”一样，不过是流于形式。无论是纸质传媒、门户网站还是电视广播，推销股票注定是促销行为，并非发自帮助公众赚钱的善心。希望公众买进股票的，是付钱给媒体的上市公司，以及那些随时准备套现的董事和大股东。

有人说股市是经济的晴雨表，经济状况的好坏可以从股市中提前反映出来。但事实并非如此。股市的表现相对经济基本面不仅不会超前，而且经常严重滞后。

例如美国次贷危机于2007年7月集中爆发，在此之前早有诸多迹象预示危机即将来临，如工厂订单减少，期权与期货价格上涨，次级按揭贷款(无需收入证明，低首付甚至零首付，而且在头三年里可以享受优惠利率)数额在2006年就已突破6000亿美元，占按揭贷款市场总额的20%。

可是财经媒体对此却视而不见，继续鼓吹“房市没有泡沫”。即使有少数分析师敲响警钟，他们的言论也不会引起重视，要么在一片唱多之声中被埋没，要么被公开嘲笑为无知。美国道琼斯工业指数见顶的时间为2007年10月，也就是说，在次贷危机集中引爆之后的三个月里，美国股市仍在一路高奏凯歌。“晴雨表”之所以失灵，与主流媒体“报喜不报忧”的习惯关联紧密。

在股市下跌的过程中，媒体们更没闲着。从2007年10月到2009年3月，道指从14000点跌落至6400点，在此期间《纽约时报》和CNBC电视台几乎天天号召投资者抄底，号称这是年轻人一生难求的买入良机。顺带一提，华尔街一直广泛宣传年轻人应多买股票，老年人多买债券，甚至为此特别编制了一套范式：

用100减去你年龄的差作为投资股票的百分比，剩下的用于投资债券。比方说你今年 20 岁，那么股票应占你总投资额的 80%，债券为 20%。到了 70 岁，你的股票投资应占 30%，债券占 70%。

所以长期以来，美国公众的头脑始终被灌输着这样一个概念："债券无风险，股市只有短期风险，没有长期风险。"年轻人对抗短期风险的能力大，所以应买入收益率较高的股票，多多益善。那么年长者呢？财经媒体难道会奉劝他们卖出股票吗？当然不会。其理由是，如果您爱自己的子女，并打算为他们留下更多的财富，就应该抓紧机会抄底。

于是，男女老少都在媒体的鼓噪下买入。不过在另一方，有人却在悄悄卖出。2010 年，正当资本市场为美联储的第二轮量化宽松政策欢呼不已的时候，用于追踪"内部人士股票交易"的 Vickers 指数却呈现出空前异常。

分析师阿兰·纽曼（Alan Newman）在研究了纳斯达克指数的前十大成分股（苹果、谷歌、亚马逊等）、HOLDRS 零售指数基金（GAP，TARGET，COSTCO 等）和半导体行业几大龙头企业（Altera，Broadcom，Sandisk 等）内部人士的交易记录后发现，这些公司的高管在 6 个月内共计抛售了 1.2 亿美元股票，而与此同时，买入数额仅 3.8 万美元。内部人士的卖出和买入之比（Sell-to-buy ratio）竟高达 3177：1！

这是阿兰在其职业生涯中从未见过的状况。"很明显，高管比公众更加了解公司内部的真实情况，他们认为此时此刻持有现金比持有股票更明智。"阿兰称。

股市虽频创反弹新高，但企业高管的抛售冲动与公众强烈的买入情绪形成鲜明对比。一年之后，果不其然，美股结束反弹，重拾跌势。上市公司与主流媒体之间那讳莫如深的关系，从另一个角度也可见一斑。

传媒与金融一荣俱荣

依照常理，宏观经济形势对媒体行业利润的影响应该是轻微的，因为无论股市处于牛市还是熊市，大家都会读报纸和看电视。在经济萧条期，传媒业虽然也会受影响，但至少应该“跑赢大市”。

然而2008年金融危机对美国新闻业的巨大震动丝毫不在金融业之下，令人难以理解。2009年2月，美报纸出版商Journal Register申请破产保护。《纽约时报》、CBS、MSNBC、时代华纳等传媒巨头的股价也是一泻千里，挣扎在破产边缘。

业界传言这些传媒巨头将成为继五大投行和汽车业之后美国政府的下一个纾困对象。《纽约时报》在2008年的亏损额达到5780万美元，而旗下的《波士顿环球报》(*Boston Global*)，平均每周亏损100万美元。

传媒集团与金融行业“一荣俱荣，一损俱损”的现象，揭示了它们之间的确存在千丝万缕的利益关系。传媒行业主要关心两件事：第一，是否拥有庞大的受众群；第二，广告收入有多高。

可遗憾的是，这两者间永远存在难以克服的内在矛盾。读者和观众想要的是客观公正的报道，但收了赞助商的广告费之后，媒体报道就不可能客观公正了。财经板块上的每一条新闻、每一则评论看似不经意，其实背后一定有它的故事。小型报业公司为了扩大受众群，相对而言比较关心读者利益；但在那些已经雄居垄断地位的主流媒体看来，后一个问题显然更加值得关心。

总之，主流媒体的目的，是让背后的上市公司快乐，而不是让中小股民快乐。不幸的是，许多投资者都把印成铅字的东西当作真理，只顾“努力学习”，并未留意真实世界的游戏规则。那么股民应该如何对待这些消息呢？对此，VNN论坛中的一位美国网友给出了答案：“我也阅读财经传媒，但不是为了追踪消息，而是为了追踪谎言。”

人类像机器一样思考

阿尔伯特·爱因斯坦曾说过：“人类社会所面临的最大威胁，并不是机器有朝一日会像人类那样思考，而是人类变得像机器那样思考。”我们不妨仔细回想一下当时您购买某一只股票的理由。您为什么要做出买入的决定？有哪些因素、哪些人影响您做出了这个决定？

在今天这样纷繁的商业社会中，要做到不受任何信息和噪音的影响，恪守自由意志与独立思维，恐怕是一件非常困难的事。买入股票，可能只是因为您在报纸上读到一则消息，或在财经节目里听到某位“专家”的荐股，抑或追随某位大名鼎鼎的“股神”，又或者是在互联网论坛里看到关于某一只股票的热烈讨论……因一时心血来潮而付诸行动。

但不幸的是，以上任何一种渠道都极易被少数人操控。您的亏损，或转瞬即逝的盈利，或许并非因为运气不佳，而是您从一开始就落入了精心设置的圈套——没错，您正置身于一连串的阴谋之中，尽管您并不自知。

如果我们观察一下周遭的信息来源，会发现竟是如此有限。每个人都在收看同样的财经节目、上同样的门户网站、读同一份报纸的同一个版块，茶余饭后所讨论的也都是同样的话题。传媒与大众交谈就像是无形的“消息过滤器”，最终输入我们大脑的数据，早已面目全非。我们每天的所见所闻，都是有人想让我们看见和听见的，不仅不够全面，而且总是带有偏见。

诚如爱因斯坦所担心的，人类正变得越来越像机器，如同齿轮般每日辛苦地运转，留给自由思考的时间越来越少。多数人，或迫于忙碌，或出于懒惰，从来不问为什么，所关心的只是结论。

“说了这么多我听不懂……直接点吧：到底该买哪只股票？”

“上证指数今年能突破 4000 点吗？”

“我应该在什么点位买入呢？”

“巴菲特说……”

“诺贝尔奖得主克鲁格曼说……”

多数股民会轻信财经媒体、专家教授、“股市达人”，以及朋友所带来的各种小道消息，唯独不相信自己的判断。这种思维习惯似乎在东西方文化中同时存在。例如，孔子称：“三人行，必有我师。”而几乎处于同一时代的西方哲学之父亚里士多德也认为：“获取智慧的良方，就是向比你更高明的人请教。”

可是在投资这块领域，“虚心请教”的结果却往往适得其反。因为那些被公认为更高明的人，实际上并不见得有多么高明。只要能让别人相信自己高明，或者至少是专业，就能赚到钱。投资机构招徕客户的广告，第一句话总是：“我们拥有专业的研究团队。”

比如，在 20 世纪 90 年代初，曾有一家基金公司 LTCM（Long-Term Capital Management，长期资本管理公司），和量子基金、老虎基金、欧米伽基金一起，被称为国际四大“对冲基金”，可说是对冲基金的前辈，其掌门人约翰・梅里韦瑟(John Meriwether)被人们誉为能“点石成金”的华尔街债务套利之父。

在LTCM成立之初，梅里韦瑟雄心勃勃，他召集了华尔街一批证券交易精英加盟，包括曾获得诺贝尔奖的麦隆・舒尔茨和罗伯特・默顿，组成了华尔街的“梦幻组合”。他们自称LTCM是利用“将金融市场的历史交易资料、已有的市场理论和学术研究报告，以及市场信息有机地结合在一起，为公司所设计的一个完整的电脑数学自动投资模型”来进行精确而严谨的投资操作。

他们的这一模型在当时号称刀枪不入，固若金汤。因此，他们根本不需每天去公司打理业务，而是隔三岔五地进出高尔夫球场，开着游艇去海滩度假，让电脑来代替他们做出投资运作的指令。开始的三年，“长期资本管理”的业绩果然不出所料地辉煌骄人，1994年公司成立之初，资产净值为12.5亿美元，到了1997年末上升为48亿美元，净增长2.84倍，这样牛的基金公司还会出问题吗？

那几年，他们的投资基金获得了远远超过大市的回报。但是到了1998年，万万没有料到的事情发生了，真可谓“智者千虑，必有一失”。俄罗斯金融风暴引发了全球的金融动荡，结果这个小概率事件，使他们那艘巨大的“泰坦尼克号”撞上了冰山一角。

LTCM利用从投资者那儿筹来的22亿美元做资本抵押，买入价值3250亿美元的证券，杠杆比率高达60倍，在1998年5月份的俄罗斯金融风暴开始，至9月份全面溃败的短短150天中，资产净值下降了90%，出现43亿美元巨额亏损，仅仅剩余5亿美元，从而走到了破产的边缘，令投资者们欲哭无泪。

从上述故事中不难看出，那些财经传媒、基金经理、证券讲师，以及被捧得高高在上的股神，他们的收入五花八门，包括上市公司的赞助费、股票“推介费”、课时费、出书的版税……他们的投资本领究竟高在哪里？凭什么要比我们富有呢？

残酷的事实告诉我们，华尔街金融大鳄的主要收入来源是投资收益提成，他们玩的是 OPM(Other People's Money)，即用别人的钱来下注：赢了分享高额红利，输了也不承担任何损失，且管理费照收不误，这才是最安全的吸金大法。

在股市中亏钱可以有很多原因，但“虚心求教”必为其一。无论是订阅财经周刊、观看财经频道、聆听“专家”意见，还是参加“炒股培训班”……无不体现你如饥似渴的求教之心。

然而，在这个弱肉强食的股市丛林里，当羊向狼请教要如何才能生存时，狼肯定会回答说：“我可以告诉你，但请让我先吃掉你身上的一块肉。”

亏钱，可能只因我们丧失了思想，让别人代替自己做出了太多的决定。

如何读懂财经新闻？

在信息极不对称的情况下，普通百姓该如何读懂财经新闻，下面总结四个基本方法、原则和步骤。

第一，要特别关注“坏消息”，因为每条坏消息都会给你提供有价值的参考信息。

第二，在看到新闻消息后，要弄清楚是谁发布的这个消息，想一想他为何要发布这个消息。对于“专家”发表的讲话，要确认一下该专家的身份，他代表哪个公司，为哪个机构服务。如果是股评家，最好了解一下他是否拥有所评论的那一只股票，他是否是利益相关者。这样你就知道他所说的话哪些该听，哪些不能听，哪些只能反着听。

第三，阅读财经新闻时，要能分清新闻中涉及的行为是投资还是投机。如果是投机的话，注意不要盲目跟风；如果是投资的话，需考量一下是否适合自己的资金实力和投资风格。

第四，也是所有原则的核心，即回归常识。再复杂的问题和事物都可以用常识去判断。请相信自己的第一感觉，对一件事情的第一感觉如果不靠谱，那么这件事多半存在猫腻。而听上去太美好的事情，往往是不真实的，掺假的成分居多。

第四部分

财富人生

11

正确的财富观和消费观

其实，老祖宗早就传授了我们生活的真谛和幸福的真经。可惜，很多宝贝被我们丢了，太多人被一时的繁华和无尽的欲望迷了眼。迷路的时候，不妨想想小时候外婆教的简单道理。

“历览前贤国与家，成由勤俭败由奢。”在过度借贷消费的问题上，“欠债还钱”是常识，“俭节则昌，淫佚则亡”是常识。

“民生在勤，勤则不匮。”在百姓的生活理财方式上，“勤劳致富”“一分耕耘一分收获”是常识。

“取之有度，用之有节，则常足。”在对石油等日渐匮乏的能源的使用上，“省能补贫”是常识。

什么是财富?

亚里士多德有一句名言：幸福取决于我们自己！而幸福的基础，必须有健康的身体。否则，即便“五子登科”(即拥有票子、房子、车子、妻子、孩子)，充其量也只是五个零，只有前面加一个1——健康，后面的五个零才会有意义！

正如笔者一位好友在临终前所感悟：在生死临界点的时候，你会发现，任何加班、压力、买房买车的需求都不重要，如果有时间，就好好陪陪孩子和父母，不要拼命去换什么大房子，和相爱的人在一起，蜗居也温暖。

然而在现实生活中，这看似人人都懂得的道理，真做起来却不那么容易。比如，均瑶集团前董事长王均瑶，身价亿万，却因患癌症，38岁便英年早逝；上海中发电气(集团)董事长南民，因患急性脑血栓抢救无效，享年37岁。

步他们后尘的还有一长串的名单，像清华大学电机系讲师焦连伟(36岁)、浙江大学数学系教授何勇(36岁)、网易代理首席执行官孙德棣(38岁)……这些人的一个共同点就是工作强度大、生活不规律，以及有病不医治。正值积聚财富的最佳状态时，生命戛然而止，实在令人惋惜！

这不禁让我想起了当年在金融课上，我的教授讲述的《商人和渔夫》的故事。

> 一天，一个渔夫躺在美丽的海滩上，享受着午后温暖的阳光。
>
> 这时从沙滩上走来一位商人，他奇怪地问渔夫："你怎么不去捕鱼呢？"
>
> 渔民抬起头来，微笑着回答说："我已经回来了。"
>
> 商人回答："你应该撒更大的网，捕获更多的鱼！"
>
> 渔夫微笑着问："那又怎样？"
>
> 商人说："你就可以买一条船，捕获更多的鱼！"
>
> 渔夫再次问道："然后呢？"
>
> 商人有点恼火地说："你可以买更大的船，聘请人来为你工作！"
>
> 渔民重复道："然后呢？"
>
> 商人生气了："难道你不明白吗？你可以建立一支打渔的船队，航行在世界各地，雇用员工为你捕鱼！"
>
> 渔夫再次问道："然后呢？"
>
> 商人暴跳如雷地喊道："那时，你就不用自己出海捕鱼，可以安安稳稳地躺在海边晒太阳了。"
>
> 渔民面带微笑，抬头说道："那你认为，我现在在干什么呢？"

这个故事可以有多种解读，有人认为渔夫比商人更懂哲理，有人读出了快乐的重要性，也有人感觉渔夫应该接受商人的建议拼命去捕鱼……

而我则认为人生苦短，在工作的同时不忘放慢脚步享受生活，才是合理的。但人们的行为往往会本末倒置，甚至会忽略赚钱其实是为了幸福的生活。

我对此感触颇深，是因为这次回国探亲走访了上海、南京和西安几个城市，所到之处无不被雾霾所困扰。由此我联想到，原本中国经济发展的目的，是让百姓过上幸福的生活。然而，中国经济在发展过程中，由于过度强调 GDP 的增长速度，而忽略了自然资源和生态环境的成本，因而大自然对人类实施“报复”的后果也相当触目惊心。像北京雾霾，使人们的健康受到威胁；中国遭受污染及干涸的河流湖泊占国内水系总面积的比率是世界平均水平的 16 倍，生活在长江边的人缺乏饮用水的现象普遍存在……

正如健康是一个人获得幸福的基础，一个社会的真正财富是清洁的空气、纯净的水源、肥沃的土壤、有益健康的食品、建立在良好人际关系基础上的社会所提供的受教育的机会和医疗服务，以及人们的文化艺术情操与修养。这样一种优越的社会环境的价值已远远不是市场价格所能体现的，只有这种体系才能确保人类社会的可持续发展。中国的崛起有目共睹，我们在发展经济时首先应该计算环境成本，考虑环境污染造成的损失，为子孙后代留下好山好水！

赚钱的三重境界

人的境界不外乎三种：一是为自己，二是为家庭，三是为社会，即“修身、齐家、治国平天下”。

站在不同的地方，朝着不同的方向，人生的境界也就不同。赚钱也一样，投资理财亦然。下面跟大家分享一下赚钱的三种境界。

第一层境界：人找钱，即辛苦工作，拼命挣钱养家糊口。踏踏实实工作，老老实实攒钱，努力赚钱养家，不参与任何铺张浪费的活动，生活节俭，既不考虑自己的身体、时间、精力能否承受，也不考虑是否符合自己的长远发展规划，更不考虑什么社会效益和生态效益——只要能赚到钱，就拼命干，玩命干。

第二层境界：有选择地找钱，即当自己赚了钱后，拿钱去投资以赚得更多的钱。只赚属于自己的钱，知道什么是可持续发展。赚钱前，先考虑是否有时间、精力和能力去保质保量按时完成，再考虑是否符合自己的长远发展规划，同时考虑是否违逆社会效益和生态效益。赚了钱之后，就拿钱去投资，去赚更多的钱。

第三层境界：钱找你。只要你有本事，别人自然会上门来投资，钱会主动来找你。该境界不是从第二层境界一跃而上达到的，而是经过第二层境界和第一层境界的往复循环才达到的。经过无数次的往复循环，不断地投资自己，最后让自己成为科学家、经济学家、金融专家、企业家、实业家、艺术家、著名导演、著名设计师等。有了足够的聪明才智，有了足够的能力和魅力，别人就会主动找上门来投资，于是你就可以坐在家里轻轻松松地等钱找上门来。

好些网友反复问我怎样投资，这个问题我其实已经反复回答过很多次了，但这些网友依然不断地追问。我感觉，按照目前中国的情况，他们可能是想问怎样才能发财吧。

对于普通百姓而言，想发财，首先要投资自己，让自己的知识储备、视野能够匹配和驾驭更多的财富，这样财富增加到一定程度后才不至于成为自己的压力，甚至忘乎所以；其次，做自己喜欢的事情，把自己的喜爱的事业做好了，财富便会尾随而来；其三，从身边认识的人吸取经验教训，进入一个好的圈子。

最后，从财富角度解读一下曾国藩墓志铭中的“信运气”：小财富靠勤劳、勤奋，而大财富的获得很大程度上还有一部分运气和机缘的成分在里面。

穷人为何受穷？

在一般人的想象中，富翁都穿顶级品牌的服饰，住豪宅，开昂贵的车子，叼着雪茄，整天去打高尔夫球……其实在现实生活里，富翁一定是那些做事有规划，尤其在生活方式上自律，会照顾自己的健康，并有能力妥善管理好钱财的人。

举例来说，假如你动用信用卡来购买2000美元的西服，然后每个月支付55美元的最低付款额，你就不具备富翁的素质。因为你通过支付利息（起码18%）消费了明天不存在的钱，那就等于做了一笔赔本的交易。如果把这笔账倒过来算，你量入为出，拒绝信贷消费，每个月定期存款55美元而不是支付55美元，你就迈向了致富之路。或许你不信，但绝大多数美国第一代富翁都是量入为出的典范。美国共同基金先驱、亿万富翁谭普敦爵士（Sir John Templeton）就是这样，他一生过着极其简约的生活，从来没有坐过头等舱，从来不开名牌车，甚少消费奢侈品。他的生活和美国普通中产阶级没什么两样。

在中国，自古就有“穷在债上，冷在风中”的说法。富翁和希望成为富翁的人，其最大的差别就在于他们买单方式的不同。富翁懂得量入为出，绝少借贷消费，因为信贷消费必须支付利息。富翁们深知，财富必须靠积累，绝非靠消费。美国第一代富翁致富的一大共通点，就是勤俭持家、积谷防饥，然后有计划地储蓄。

什么是储蓄？当我们拧开水龙头，看见自来水哗啦哗啦地流下来，千万别以为那是天经地义的事，那是因为蓄水池里储满了水，水龙头里才会有水流出来。银行储蓄也一样，必须有人做出牺牲，把今天的消费推迟到明天——将省下的钱放进银行，储蓄作为资本投资才会变成可能，最终达到提高社会生产力和生活水平的目的；一旦停止储蓄，蓄水池渐渐地干涸，市场的经济命脉没有了，资本形成的来源也就断绝了，社会真正的经济增长就不可能实现。

比如美国第一代创业者约翰·洛克菲勒，他从小就为自己定下两大人生目标：赚100万美元(在他74岁时，财富累积达3183亿美元：按2007年的美元价值计)，活到100岁(97岁才离世)。为了实现第二个人生目标，他一生过着节制的生活，不饮酒、不吸烟，并乐于慈善事业。

而一个不懂得控制自己欲望的人一定是一个在生活上缺乏自律的人，他对社会的索取会失去控制，他的支出也将失去控制，你就是给他再多的财富，也会被挥霍一空(因为一个人拥有的财富，等于他的所得减去他的支出)。

比如美国富家女芭芭拉·赫顿，在她年满21岁生日时，由她继承的信托基金的遗产高达4200万美元。这笔钱在20世纪30年代可说是天文数字了，无疑让她成为全球最富有的女性之一。而当她61岁病逝的时候，财富已挥霍一空，银行的账上仅剩不到3500美元，正好只够办理后事……

美国名嘴奥普拉(Oprah Winfrey)在她的脱口秀里，曾经做过一个试验，让我们来看一看这个有趣的故事。

一天，奥普拉与节目制作班子正讨论下一期节目的内容，主题是希望改变穷人的困境，聊着聊着就聊到了穷人和富人的区别，大家七嘴八舌谈来谈去却说不出重点。突然，有个节目制作人大叫起来，说他有一个绝好的主意，如果奥普拉愿意拿出 100 万美元，他保证大家能看到满意的结果。

奥普拉是全球最具影响力的女性富豪之一，但她从小生长的环境却不尽如人意，对于穷人和富人的区别，她是最有发言权的。而且她本人又乐善好施，如果制作的节目播出后，能使穷人找出贫困的根源并摆脱贫困，她是喜闻乐见的。于是她一口答应了制作人，同意按他的想法做节目。

于是电视镜头把观众带到了一条大街上，这条街上住着几个无家可归者。节目制作人肩上背一个包，包里放有 100 万美元。而后，他埋伏在一个无人注意的角落里等待时机，节目要求在不经意间，让这个特殊的包被一位流浪者“捡”回去。他等了半天，都无法按预想把这个包“送”出去。后来他发现，在他的不远处停着一辆高大的垃圾车，两个无家可归者经过车边时，都会停留片刻在车里翻找“有价值”的东西。于是，他就把包“丢”进垃圾车内，果然不多久，这个包就被强森“捡”到了。

强森打开背包的一刹那，简直不敢相信自己的眼睛，这么多现金，怎么可能？他环顾左右四下无人，便一跃跳进垃圾车里，躲在里面反反复复点着钞票，100 万，整整 100 万美元，他欣喜若狂！荧屏前的观众也跟着他一起兴奋起来，都希望强森能善用这 100 万美元，尽快安家，摆脱他那无家可归的生活——桥底下无遮蔽的纸板垫——他藏身的居所。

只见强森背着包住进了宾馆，随后带着钱“挨家”拜访他的“邻居”。他慷慨地送给这个人 5000，那个人 1 万，还请大家上饭店大吃一顿，庆贺了一番；然后，他给自己买了一辆高级吉普，再到百货公司大肆购物，让自己上上下下里里外外都焕然一新，并开着吉普回到阔别多年的家乡；接着又是这个亲戚给 5000，那个朋友给 1 万，俨然一副衣锦还乡的派头。消息不胫而走，只要有朋友前来探访、叹苦经，他就慷慨解囊。这样的生活仅维持了半年，100 万美元就被花得分文不剩！

奥普拉通过这一节目得出结论：穷人和富人的差别在于，穷人拿着得到的钱去消费（荧屏前绝大多数观众都选择先买房买车），而富人则拿着得到的钱去创造财富，比如做生意、做实业，几年以后，穷人和富人的财富就又不平均了。原来的富人还会是富人，原来的穷人依然会是穷人。这就跟中乐透大奖一样，绝大多数中奖的人会辞去工作，买豪宅、开高级车，几年下来财富挥霍一空，人也被打回原形，回到初始的状态。

所以说，一个人赚钱的过程是为社会贡献的过程，一个人消费的过程是向社会索取的过程。而收入减去消费就是他的财富积累，也就是对社会的净贡献。这也说明拥有社会财富越多，占有的社会资源也越多，因此肩负的社会责任也越大。

这就是为什么在欧美国家，绝大多数富人为了自己的信念和价值观能代代相传，都会在生前设立信托基金，为子孙后代规定用款的条件等。

在英、美等国家的普通法（Common Law）制度中，信托（Trusts）是指财产（有形的或无形的）拥有者（A Legal Owner）将财产转移至另一方持有（信托管理人），而使第三方受益（Beneficiary），是一种介于财产持有方和受益方之间的关系。当然，创立财产信托的合法拥有者，也可不必转移财产给另一方而设立财产信托，他只需发表财产信托声明：从今往后这笔财产将造福某某受益人。

信托由被创立的信托条款所管辖，而信托条款通常是写在信托文件或契约之中的。但是在英国，除了土地以外，其他财产无须文字记录就可具有法律的约束力。因此，信托条款必须指定是什么财产被转移到了信托（标的物的确定性）持有者的手里，谁又将是信托受益者（对象的确定性），对信托受托人可制定出详细的权利和义务（如投资的权利或委任新的受托人的权利）。信托也受当地法律的管辖，受托人有义务在依照信托条款和服从法律的条件下，进行信托管理。

在美国，创立财产信托的人也被称为委托人、设保人、捐助者（慈善信托金）或者创立人。在其他司法管辖区，财产信托创立者也可被称为信托创始人。在任何一个社会里，任何事物的存在都有其存在的目的和理由，财产信托基金也不例外。创立信托基金的目的，主要不外乎以下几点。

首先，对于大多数富人来说，创立财产信托纯粹出于保护家庭隐私的目的。因为遗嘱条款是公开的，而财产信托就不必公开了。仅凭这一点，财产信托的形式就很符合许多家族的理想。比如美国的肯尼迪家族，其家族财富就像他们的政治资本那样，在美国人看来是无比巨大和神秘的。肯尼迪家族财富具体有多少，几乎无人知晓准确的数额，原因就在于近百年来，其每一代家族财富都是以信托基金的方式传承的。

肯尼迪家族利用信托管理的形式，在过去的大半个世纪中，成功地将财富转化为政治力量和威望，从而让其家族到达了全美最高的权力巅峰，并且这一战略部署是家族的一项长期目标，为的是保护不断成长壮大的新一代家族成员的利益。

其次，设立信托基金最大的好处，就在于能够预防家族中出现败家子，也就是防止没有能力处理金钱的受益人任意挥霍金钱。信托基金创立人可以在信托文件中明确阐述何时、何地、何种原因……才可动用信托基金中的钱。再以肯尼迪家族为例。

早在 1926 年，乔·肯尼迪（肯尼迪总统的父亲）就为他陆续出生的孩子设立了信托基金，另有一个信托基金创立于1936年，还有一个创建于1949年，那是他为28个孙子辈后代设立的一部分财富。有人估计截止到1968年年底，这三个信托基金的金额已颇为庞大。

在约翰·肯尼迪成为总统之后，才披露出他个人在家族的信托基金中持有1000万美元，从他21岁起，每年可动用50万美元(税前)。乔·肯尼迪在创建信托基金时采取了预防措施，规定只有到了一定的年龄，才可动用信托本金。所以，当总统到了45岁生日时(他被暗杀前)，他动用了一半的信托本金，剩下的另一半牢牢地控制在受托人的手里。

再次，设立信托基金还可以达到“资产保护”的目的。所谓的“资产保护”，原则上是指一个人剥离他自己所拥有的资产，意图在将来免受债权人对他的资产的侵袭，尽管将来他们(他或她)有可能会破产。“资产保护”的方法之一，就是创立一个全权信托(Discretionary Trust)，其创立者可能既是保护者又是受益人，但不是受托人或唯一受益人。这样一来，信托创立者可从信托资产中受益，但不是资产拥有人，因此而不受债权人追讨债务。

设立信托基金还有一个特别的有益之处，也是富人们情有独钟的，那就是税务规划。大家可能都知道有句话这样说：生活在英、美等西方国家，有两样事情是无法逃避的，一个是缴税，一个是死亡。足以想见那里的遗产税高得难以想象。到2013年1月1日起，如果富人想把财产传承给儿女，免税额仅为100万美元，剩余的财富得按55%遗产税率来计算。富人交遗产税被视为天经地义，英国人称遗产税为“死者的责任”(Death Duties)，而美国人则称遗产税为“死人税”(Death Tax)。由此，富豪对遗产税的态度便可见一斑了。因此富人在生前都会为财产继承人(子女或配偶)使用信托基金来规划税务，其结果与不利用信托基金是大不一样的。

“信托”被广泛地认为是英国法律制度中最具创新性的一个巨大贡献。今天，《信托法》在所有普通法系统（Common Law Systems）中发挥着显著的作用。《信托法》在国际公认的《海牙公约》和国际社会在统一信托冲突方面的贡献，也是相当巨大的。

在美国的资本市场中，信托同样扮演着重要的角色，家庭内部的财富转移往往是通过养老基金（基本上是用信托）和互惠基金（也总是用信托）来进行的。生前转移财富所牵涉的是联邦赠与税（Federal gift tax），去世之后的财富转移就要缴纳联邦遗产税（Federal estate tax）。而美国联邦税法鼓励富人生前转移财富，因为遗产税率比捐赠税率要高多了。

借贷消费还能走多远？

然而这些年来，美国的许多理财专家、经济学家和学者，都拼命鼓励民众少储蓄，甚至不要储蓄，他们告诫人们身边不要留现金，最好把钱都投放到股市、房市里。美国最有影响力的脱口秀电视主持人奥普拉曾请来著名的理财专家教导大家如何把钱通过401K的退休金账户投放到股市，说每年至少有10%的回报率，40年后每个人都能成为百万甚或千万富翁，理由是钱存在银行里会贬值，只有股市的回报率，才能够保证让钱生钱。

于是，脱口秀主持人的粉丝们立刻积极响应。我太太就是其中一员，她也听信了那些所谓“理财专家”的话，结果可想而知，从口袋里蹦出去的钱，不但没有升值，反被大市剥去20%。

理智型的富翁头脑都非常清醒，即使投资，也是将绝大多数钱投入有稳定回报的产品之中，很少或基本不投机。他们手头会确保维持日常开销的流动资金，起码准备三年不时之需。比如亿万富豪李嘉诚，公司账上的现金足足准备了200亿港币；美国的亿万富豪福特，也因为存足了大量现金，在大萧条中才幸免于难。而华尔街名列五大投行之一的雷曼兄弟，如果当时有10亿美元的现金救急，也不至于“死”得那么惨。

在2011年前，美国的财政赤字、欠债金额的最新数据已达到天文数字，总债务（公司债务＋私人债务＋国债）共70万亿美元（在2008年金融危机之前是50万亿美元，同时房市缩水6.5万亿美元，加上股市的缩水，等于这次金融危机令窟窿又增大了将近30万亿美元），平均每个美国人欠债23万美元，折合人民币的话人人是百万“负”翁。目前美国货币储备和银行储备总计2.7万亿美元，根据上述数据计算，美国的财务杠杆率几乎达到了26倍，绝不比欧洲债务逊色，每年单单支付利息，就得用去财政收入的一半以上，眼看无以为继，都快玩儿不下去了。难怪连一向“护犊子”的标普也不得不首次下调美国国债的评级展望，这是有史以来的第一次。

美国出现如此的状态，也就是近几十年的事，这是新凯恩斯主义的经济理论在作怪，使得美国这个债务国债多不愁，反而是它的债主“黄世仁”要苦苦哀求“杨白劳”，你可不能倒，你钱不够花我借给你，你就狠狠消费吧。

明天的钱能圆今天的梦吗？

那些靠借贷消费的人可能从未想过，金融机构不是慈善家，“用明天的钱”是要偿付利息的，借的越多，还的越多，说不定还要靠子子孙孙来偿还。结果，大多数人都成了房奴，将用一辈子的钱去供那一套房子。

事实上，“用明天的钱圆今天的梦”正是这30年来大大小小泡沫产生的根源。为什么呢？非常简单。大家都知道，在市场经济中，物价是由供求关系而定的。不能借贷消费的时候，必须等存够了钱才有能力购物，而一旦人人都可以借贷了，大家手中就都有了“明天的钱”，这时，大家的购买力都已经和他们的实际收入脱离了，也就是购买力因为有了“明天的钱”而被提高了，那么市场的供求关系立刻被扭曲。用尚不存在的、明天的钱去购买房子时，那种不实的“求”便无限增大，房价自然急剧上升。

而租房子呢，只要留意一下就知道，这些年来并没有随着房价的上升比例而上升，只是随着收入的比例而增加。因为租房子必须付现金，是不能用借贷支付的。

更重要的一点，当一个人或少数人“用明天的钱圆今天的梦”似乎还可行，因为他们尚能用明天的钱，买下今天价格的房子；但是，当多数人都在用明天的钱买房，那么今天的房价也就不再是今天的房价，而变成了明天的房价。万一明天的钱没有了（如泡沫破灭了，影响到实体经济，失业率上升），房市就将下跌，今天的美国就是如此。

事实上，美国的借贷消费方式，也只是近30年才开始的。美国在1971年之前的300年间，几乎没有通胀，房价一直维持在平均家庭年收入的1.6到1.8倍，普通家庭一般不用借贷，只需存几年钱，就能买下一栋属于自己的房子。

然而到了1971年，美元和黄金脱钩，于是从理论上来说，美国可以无限制地印钞票。这时，政府作为监管功能的角色开始丧失。解禁放松金融管制的国策始于里根政府，并伴之以寻求保守的传统价值观和恢复自由市场的口号，因此被称为里根“革命”。这一“革命”之举又被布什和克林顿政府进一步推向了高潮。金融机构知道发大财的机会到了，于是一改严格审批贷款的政策，开始忽悠百姓借贷买房。也就在那时，“用明天的钱圆今天的梦”的口号开始出现，从1971年开始，美国房价的上升逐渐超过了收入的上升，从1.6倍，一路上升到3倍、4倍、5倍、6倍……

虽然在20世纪90年代初，美国房价曾经巨幅下跌了几年，但由于2000年后美联储连续11次降低利息，使得信贷进一步放松，大量“明天的钱”涌入房市，于是房价又调头向上，直到2006年年底。

这些年在美国，每个家庭大到买房子问银行贷款，买汽车向经销商借钱，甚至买几百块钱的电视机、床垫也是分期付款。几乎所有的美国人拿到薪水，就立刻写支票还欠账。每个月四五十张账单，都是分期付款。

大家别以为金融机构是在帮我们圆梦，其实债台高筑往往反倒会害了我们。

CNN曾做过一个调查，发现目前美国中产阶级实际上离穷人只有三个月的距离，也就是说一旦被炒鱿鱼，失业救济金只发放三个月。三个月后，如果没有其他收入，无法支付账单，他只能宣布破产，变回穷人。

正所谓“天有不测风云，人有旦夕祸福”，用“明天的钱”不靠谱，因为明天的钱不一定会有。当你借用明天的钱买下了明天甚至后天价格的房子之后，一旦你的经济出了状况，那明天的钱就只能圆明天的噩梦，这在当代美国，在2009年的金融危机中，已经有1200多万百姓做出了“榜样”，而且还将继续有更多这样的噩梦不断地涌现。

12

储蓄与贷款，生活如何更美好

北欧各国信奉传统经济学的观点，踏踏实实地发展生产，培养国民节俭的生活习惯，成为全球社会福利最完善、人均 GDP 最高、老百姓最富有的地区。而华尔街鼓吹的提前消费、借贷消费的经济模式正在渐渐暴露出它的问题：这种消费方式极大地扭曲了供求关系，为投机行为的泛滥打开了闸门。我们早该重新审视自己，究竟是向超前的美国式生活靠拢，还是学习北欧，拾起那些被丢失的传统美德，做到勤俭持家，量入为出？

回归生产和节俭生活

上一章讲到，目前全球主流所倡导的经济模式，特别是在世界发达国家，大部分采用的是美国模式，其经济理论依据的是新凯恩斯主义：减少储蓄以增加收入并带动经济增长；“需求”重于“供应”，消费可以带动生产；取消金本位，以法定形式确立信用货币是可行的；可以充分依赖政府来调控经济。

几十个年头过去了，在这一经济模式的主导下，以美国为首的一些发达国家之经济体，均一一陷入了负债和失业率围绕着房市的波动而此消彼长的怪圈。

以美国为例，美国的财政赤字、欠债消费早已达到天文数字。但要减少财赤，即意味着政府减少开支、减少大型基础项目、减少个人消费，那样失业率就会进一步上升；而失业率又是房市的最大杀手，房市进一步下跌的话，负资产家庭将会越来越多，法拍屋也跟着越积越多，金融机构就将继续沦陷，各行各业随之受损，金融危机就会进一步加深。要是设法减低失业率，目前现存的私人企业就更举步维艰，全成了“总裁”（总在裁员），唯一能指望的只有政府。但政府又没有钱（奥巴马政府因为2011年的预算案，政府机构几乎停止正常运作），在不能增加开支、投入基础项目的前提下，就只能提高税收和继续借债，那么财赤肯定继续上升，两头怎么都无法摆平。

然而在这个地球上，北欧模式宛如茫茫黑夜中的一盏明灯，为我们指出了今后的方向。北欧各国信奉传统经济学：视节俭、勤奋工作和生产为美德；认为金本位抑制了通胀，并提供了稳定的货币环境，使经济蓬勃发展；政府应努力担负财政责任来平衡预算；国家一般应采取不过分干预经济事务的政策；只有促进生产才能带动消费；在供求关系中“供”比“需”更重要，因为是良好的“供”创造了另一种“求”。

遵循着这一传统经济模式，北欧各国人民踏踏实实地发展生产，靠储蓄、节俭成为全球社会福利最完善、人均GDP最高、老百姓最富有的国家。不过，经历了这次经济危机，北欧模式也遭人质疑了。《纽约时报》曾发表文章，题目为“丹麦开始削减令人羡慕的社会保障”。通过题目便知其意，文章想以此证明早就下过的结论：丹麦的高福利能维持多久？

不过通篇读下来，原本抱怨连连的负面报道，竟然让我对丹麦的高福利社会有了更深刻的认识：在丹麦万一失业，人们立刻能领取失业补助（相当于失业前工资的80%），前提是必须参加求职培训计划，失业补助金可以连拿4年；如今遭遇全球经济危机，丹麦政府顶不住了，因此要削减福利，将领取失业补助的期限从原来的4年降低到2年！

文中列举了一位58岁的护士，她因病失业在家4年，不仅以一年的时间免费治病，而且还拿着80%的工资进行职业培训，最后获得了电话销售的工作。不幸的是她又赶上这次经济危机，目前又带薪接受秘书职业培训。面对政府削减福利，这位护士只能领取2年失业金，因此而抱怨连连。由此，引来美国对丹麦高福利能维持多久的质疑。

事实上，像丹麦这样的高福利国家，在北欧还有挪威、瑞典和芬兰。可以这么说，这些国家40年前都不如美国，但回头检视，经过时间的考验，现在的情况又如何呢？

据一位出差到挪威的朋友回来抱怨，他在挪威时，上午10点之前基本上喝不到咖啡，因为咖啡店最早也要到10点才开门，而下午6点又准时关门歇业。碰到星期日，所有商店一律不营业，这哪能比得上纽约啊，人们早上5点就能喝上咖啡，有些连锁店直到凌晨1点还在营业，顾客进去照样能喝到热咖啡。

而另一位远嫁瑞典的朋友告诉我，瑞典的政府机关和政府所属单位，每年的6月上旬到8月上旬要放两个月暑假，特别是歌剧院、图书馆、博物馆这些由国家资助（被养起来）的文化机构。民营企业则放3周暑假，到了圣诞节及新年期间再放两周假。也就是说，在瑞典，一般的上班族一年至少有5周带薪假期，再加上其他的法定假，一年中有不少时间在休假。

我们早就听说北欧国家富有、福利制度好，但从未料到竟然会这么好！夏天，父母跟着孩子一起放暑假，悠闲自在的陪孩子去海滩冲浪，到度假胜地去亲近大自然，抑或到周边国家去旅行，培养亲子之情。

于是一个疑问产生了。丹麦人失业有优渥的失业补助金，瑞典的上班族享有暑假（在北美，只有学校师生放暑假），而挪威人似乎也并不把赚钱放在第一位。那么市场竞争体现在哪儿，是不是北欧人都太“懒惰”了？

全球“懒人”都羡慕

如果说北欧人懒惰，那我们怎么理解这一点？即丹麦、挪威和瑞典，全都名列全球最富裕的国家之列，实行全民健保（人们看病不需花钱）、国家资助高等教育（实行免费的大学教育）和全面的社会保障体系（使人们老有所养）。

而另一方面，无论你用哪一项经济指标去衡量，这些国家都能保持在全球前三位。我们以挪威为例。对于GDP指标，挪威并没有刻意地去追逐，但它在很长时期内总能保持人均GDP居世界前三位；并且连续6年（2001—2006年），在联合国开发计划署编制的人类发展指数（HDI）方面居世界首位；其2008年的人均收入居世界第一；过去4年中，挪威一直被联合国评选为全球生活水准最高、最适于人类居住的地方。

而且很重要的一点是，根据联合国开发计划署依照基尼系数进行排行，全球贫富分化最小的国家依次是丹麦、瑞典、捷克、挪威……由于社会财富分配相对均衡，北欧这些高福利国家的企业，其CEO的薪酬与工人最低工资一般也只相差2～3倍，最多不超过7倍。不仅每小时劳动生产率及平均小时工资在世界上名列前茅，而且国民总收入也一直处于高水平。

别忘了还有一点，北欧国家人人可以接受良好的免费教育（美国的大学学费高昂），因此就业率高。对于北欧人而言，工作似乎已不是谋生的手段（大多数可选择自己感兴趣的职业）；而对于像CEO那样的顶级高层来说，由于高所得税（最高可达83%）的存在，其税后收入实际上只比清洁工高一点而已。显然，他们一方面很在乎个人价值的体现，另一方面又为社会积极地做出贡献。有鉴于此，即使在金融风暴过后，依据国际货币基金组织 2009 年的统计，挪威的人均 GDP 依然高达 79085 美元，在西方发达国家中仅次于卢森堡；丹麦排在第五，达 56115 美元；美国只有 46381 美元，排在第九位。挪威和丹麦均高出美国一大截。然而失业率呢，挪威仅 2.6％，丹麦是 4.2％，美国则高达 9.7％（另外，加拿大为 8.3％，英国为 7.8％）。

事实上，挪威土地贫瘠、地貌多变，国土主要是由山区和高地组成，包含许多冰川和瀑布；地质多半是花岗岩和片麻岩岩石，板岩、砂岩和灰岩也都很常见。而且挪威属于高纬度地区，白天的季节性变化非常大。从 5 月下旬到 7 月下旬，有长达 20 小时的白天。相反，从 11 月下旬至 1 月下旬，北方的太阳似乎永远低于地平线，日照时间很短。极昼与极夜的天然生存环境，养成了挪威人珍惜资源、勤俭节约和爱好户外活动的传统。

20 世纪 60 年代，挪威大量的石油和天然气被发掘，经济得以持续增长，石油和天然气的出口收入占出口额的 45％，只少于俄罗斯和沙特阿拉伯这两个原油出口国，而出口占挪威整个 GDP 约 20％。

挪威石油资源如此丰富，2008 年人均收入世界第一，德国又在不远的隔壁，是最有资格发展汽车工业的国家。但挪威政府并不鼓励汽车文化。在挪威人的观念里，没有一辆车是“绿色”的（所谓的环保车）。在挪威，汽车广告必须是告知“真相的广告”，国家消费者监察部 2008 年 1 月发布了新限制，禁止汽车制造商使用“绿色”“清洁”和“环保”字样的汽车广告。

因此几十年来，“步行上学”一直是挪威首都奥斯陆市政府的市政规划：父母被明确要求不能开车送子女上学，以促进孩子积极的生活方式。为了确保孩子步行路线的安全性，政府通过立法，最大限度地减少交通堵塞，甚至在市中心也不例外。天然的生存环境与政府的正确引导，使挪威人的徒步远足（步行或慢跑到想去的地方）和喜爱滑雪的习惯代代相传。

在挪威的马路上鲜有豪华轿车争奇斗艳，人们并不觉得开豪车就高人一等。而且马路大多数时间都被骑车人和行人所占据，简直是一道亮丽的风景。

石油出口为挪威带来了滚滚财源，但挪威政府并没有大手大脚地乱花钱。相反，挪威人非常理智，他们深知总有一天地底下的石油会挖完，未来石油的收入是不确定的。于是挪威政府从 1995 年起，便把石油收入储存在一个主权财富基金账户——全球政府养老基金中。到 2017 年 4 月，挪威养老基金已经达到 9200 亿美元，是世界上最大的投资基金。如此算来，每个挪威老人都是百万富翁。

更有甚者，你绝对不会相信，这么富有的北欧人，居然会节俭到令我们匪夷所思的地步。

“抠门”的北欧人

2017 年，国际经合组织根据加拿大马丁繁荣研究所的“商业繁荣潜力指数”，对未来 10 年经济发展将呈现繁荣景象的 30 个国家进行了预测。依据各个地区的人口、贸易、能源、科技和教育等方面的指标，在这些未来将获得经济可持续发展的国家中，瑞典、挪威和芬兰名列前三甲。美国排在第 12 位。很遗憾，中国不在这 30 个国家之列。

从排名看，前三位全都是北欧国家。尤其是挪威，其所处的地理位置和相对缓慢的经济发展速度，以及运输技术的发展方向，使它能够免受美国和其他欧洲国家生活方式的影响，它的经济发展潜力反而比美国大。而且，挪威人普遍性格沉稳内敛、不爱显山露水，我们无法想象，这么富有的北欧人，居然节俭到匪夷所思的地步，令金融霸权绝无可乘之机。

在挪威的街头拐角，勤俭商店（中国过去的旧货商店）随处可见。说来你可能不信，生活在挪威，假如有一天你为孩子过生日，拆开别人送来的礼物盒，看见里面是洗涤干净的旧衣物，千万别大惊小怪，这在当地已蔚然成风。假如把这一场景搬到中国，我们无论如何也无法想象会有人这样送礼。在当今的中国，受邀赴宴（无论生日或婚礼）的礼金更是一笔不小的开支，我岳父岳母刚参加完朋友的 80 大寿，礼金差不多是我岳母一个月的退休工资。

卢梭说过，节制和劳动是人类的两个真正的医生：劳动促进人的食欲，而节制可以防止她贪食过度。挪威人爱好运动的习惯没改变（他们很少开车，政府也不提倡汽车文化），传统的饮食习惯也没改变。挪威的传统食品鱼、肉、土豆和蔬菜依然是餐桌上的主角。即使有钱，外出就餐对他们来说也很难得。挪威的餐厅规模普遍比美国的小，其提供的食物分量也比美国少，在美国为一人份的菜品，到了挪威就变成三人份。直到现在，美国的麦当劳和肯德基的快餐文化，根本无法在挪威流行起来。

写到这儿，有必要在此插一句，原本中国人的饮食习惯很健康，以五谷杂粮为主食，再佐以豆制品、蔬菜瓜果、鱼、蛋、家禽和少许肉类；中国的饮食文化，则更是源远流长，八大菜系世界闻名，烹饪技术也最发达，众多传统名菜、地方小吃更是风味独特，不仅深受中国人喜爱，而且也吸引了众多外国人。但现在洋快餐却大受年轻人的欢迎。根据肯德基和麦当劳两家企业各自在官网公布的数据来看，截至2017年年底，肯德基在中国的450座城市开出了5000多家餐厅，而麦当劳在中国内地的餐厅则达到了2700多家。这些典型的美式快餐像汉堡、乳酪、炸薯条、炸鸡块和可口可乐，富含高脂肪、高油脂、高盐和高糖。麦当劳前任总裁吉姆·坎塔卢波因突发心脏病英年早逝，而继任总裁查利·贝尔因患肠癌接受手术，由此引发公众对长期食用汉堡、薯条的不健康饮食习惯的抨击。酷爱快餐食品的克林顿在58岁时就因心血管堵塞而做了搭桥手术，这些例子都在无声地告诉我们"四高"快餐对人类健康的危害。

根据IDF(国际糖尿病联合会)发布的《全球糖尿病地图》(第8版)统计的数据显示，2017年美国糖尿病确诊患者人数达到3000万，占人口总数的9.21%。特别是超重引起的糖尿病长期困扰着美国人。而挪威人健康的生活习惯，自然使他们减少了得病的可能性，这样一来，不但政府减少了医疗开支(顺便提一提，美国的医疗体系正面临崩溃)，而且个人的生活质量也随之提高。挪威的糖尿病例在西方国家中是最少的，只占所有病例的3.6%。几年前的一项调查发现，挪威全国只有15个成年人因超重引起糖尿病，其中一人还是新移民。

纵观挪威人的生活方式，不正是中国老祖宗留下的勤俭持家、积谷防饥、一分耕耘一分收获，以及决不寅吃卯粮的消费模式吗？正因为实行传统的经济模式，这些北欧国家逃过了经济危机，而且还成为全世界最富有的国家。因此可以证明，他们的经济模式是可持续发展的。

所以，无论如何也轮不到美国来质疑丹麦这样的北欧国家。面对全球分配最公平的丹麦和挪威，那些说什么高福利必养懒人的经济学家，难道不该重新审视自己的结论吗？

而中国更应该重新审视一下，究竟是继续向美式生活靠拢，还是向北欧人学习，从更高境界上重回自己老祖宗的生活模式。